童喜喜教育文集

22个放牛班的春天

童喜喜 著

电子工业出版社
Publishing House of Electronics Industry
北京·BEIJING

图书在版编目（CIP）数据

22 个放牛班的春天 / 童喜喜著 . —北京：电子工业出版社，2023.7
（童喜喜教育文集）

ISBN 978-7-121-45853-8

Ⅰ . ① 2··· Ⅱ . ① 童··· Ⅲ . ① 语文课－教学研究－中小学－文集
Ⅳ . ① G633.302-53

中国国家版本馆 CIP 数据核字（2023）第 117630 号

责任编辑：李楚妍
印　　刷：三河市鑫金马印装有限公司
装　　订：三河市鑫金马印装有限公司
出版发行：电子工业出版社
　　　　　北京市海淀区万寿路 173 信箱　邮编：100036
开　　本：720×1000　1/16　印张：18　字数：222 千字
版　　次：2023 年 7 月第 1 版
印　　次：2023 年 7 月第 1 次印刷
定　　价：68.00 元

凡所购买电子工业出版社图书有缺损问题，请向购买书店调换。若书店售缺，
请与本社发行部联系，联系及邮购电话：（010）88254888，88258888。

质量投诉请发邮件至 zlts@phei.com.cn，盗版侵权举报请发邮件至 dbqq@phei.
com.cn。

本书咨询联系方式：（010）88254210，influence@phei.com.cn，微信号：
yingxianglibook。

总序

从一线酿造的教育蜜糖

严文蕃

（美国马萨诸塞大学波士顿分校国际比较教育研究院院长、终身教授，中国教育三十人论坛成员）

我非常高兴地得知本书即将出版，仔细读完书稿，很是惊喜。

童喜喜作为专业的儿童文学作家，她的教育研究生涯比较特殊。从1999年资助一位失学儿童开始，到2009年为"新教育实验"担任义工之后，她一直以不同的方式，和一线教师并肩奋斗。可以说，本书记录的中国教育经验和中国教育故事，是具有深远意义的。

我非常佩服童喜喜，她的悟性之高、写作速度之快，以及她对新事物的发现、掌握和表达，均不是常人能够做到的。

我读过童喜喜的很多儿童文学作品。她的第一部童书《嘭嘭嘭》获奖无数，畅销至今。更令人惊叹的是，十万字的作品，她竟然只用了六天的时间就写了出来。她的"新孩子"系列童书，作为开启非虚构类儿童教育文学的杰作之一，对儿童的成长有着划时代的意义。

我了解童喜喜对新教育研究和推广的贡献。她是新教育的参与者、反思者、引领者。新教育实验发起人朱永新教授指出，童喜喜的哲学功底、教育悟性、人文素养和文字能力，再加上过人的勤奋，让她脱颖而出。

我知道童喜喜对中国阅读推广做出的贡献，也知道她只身一人在一年时间里深入中国100所乡村学校，免费举行196场讲座的壮举。

还记得2017年10月的一天，童喜喜向我介绍说写课程的研究，提出"读写之间说为桥"，以"说"打通读和写，把写作的复杂过程跟思维的运转过程联系起来。我当时特别兴奋，告诉她这个主意非常好。从"说"的角度深入研究写作教育，确实是一个非常好的创意。

童喜喜不仅做了，而且从学校教学、家庭教育等不同层面开展，就在这套作品中把不同人群的说写技巧提炼了出来，其中"创造奇迹的说写革命"是针对学生的说写训练，"教师喜阅说写技巧"是针对教师的说写技能提升，"家庭说写八讲"是针对父母的操作指导。她把这套思维训练的说写课程从学校扩展到家庭，并且与家庭教育结合起来。这种做法真是太棒了！

这套作品涉及的主题非常广泛，形式也非常丰富，既有诗歌，又有散文，既有演讲，又有很多教育论文和操作性、指导性很强的手册等。书中主要关注的三点内容，既是中国教育的重要问题，是中国教育改革重视的三个方面，也是世界各国教育当下面临的难题，是全球教育改革最需要做的三件事。

第一是教师的专业发展。教育改革的主力军是教师。教师成长的核心问题是教师的专业发展，因此，我们需要不断为其提供动力，使其提升能力。童喜喜思考和写作的这一点，也是世界各国重视学习中国的一个热点。特别是中国在国际学生评估项目（PISA）评比中取得优秀成绩之后，很多国家把这样的好成绩归功于中国教师的能力和中国教师在专业发展上的贡献。童喜喜连续十年捐赠稿费，为一线教师开展公益项目，帮助数千位一线教师成长，其做法令人敬佩，经验值得借鉴。

第二是新世纪的家庭教育。中国历来重视家庭教育，父母对孩子有着很高的期望，在家庭的亲子关系、教育投入上有着优良传统。这些对世界各国的教育都很有启发意义。进入信息时代，家庭教育有哪些重要变化？又有哪些新的方法？童喜喜对这方面的解读，也是一个重要的贡献。可以看出童喜喜所进行的努力，把中国传统的家庭教育提升到了一个新高度。

第三是学生的学习与成长。学生的学习问题在很大程度上是学科阅读的问题，学生的发展问题在很大程度上是写作的问题。阅读和写作问题，是世界各国的学生都面临的最重要、最困难的问题之一。童喜喜不仅把阅读和写作视为研究的重心，而且对其有很深的理解，并给出了很好的建议。其中，"童喜喜说写课程"对写作和阅读的探索，即便在美国的同类研究中也没有多少文献记载、没有多少经验分享。从世界范围来看，她的研究具有很强的引领性、创新性和指导意义。

这些年来，我听许多教师讲过，他们特别喜欢读童喜喜的书，喜欢听童喜喜演讲。我也有同感。这套作品再一次给了我这种感受，主要有以下四个特点。

第一，内容具有很广的适用性。

内容能够满足读者的需求，大家爱读、大家想读、大家要读，这是对一本好书最基本的要求。作为一套书，当然更应该如此。

我在中国读完大学，又在美国的大学执教三十多年，无论中国还是美国，有一件事让我深有感触。一直以来，特别是进入信息时代之后，书很多，文章更多，但并不是所有的书或文章都能吸引人们去读。国外真正有价值的教育著作也不多，从概念到概念的文章和图书，只是抄来抄去，增加文字垃圾，对教育现状没有积极作用。

尤其在当今的教育领域，从世界范围来看，理论和实践之间普遍存在着巨大鸿沟。有些教育理论，看上去挺好，但高高在上，难以深入实际，读者本就不多，更难落实到一线教育中。一线教师往往认为这些教育理论艰深难懂，无法应用，教师的专业发展因此受到限制，新的研究成果很难应用到一线教学工作中。近些年，有观点提倡一线教师从事研究与写作，但受到客观条件限制，这一做法存在很多困难。出版教育专著的一线实践者不多，他们的写作水平通常也不太高。因此，实践工作者够不上理论工作者的理论高度，理论工作者难以切入实践工作者的工作实践。在教育中本应密切配合的双方很难沟通，这是全世界普遍存在的现象。

只有好的教育作品，才能填补专家与一线实践者之间的巨大鸿沟。童喜喜正是做出了这样的努力，她的作品确实填补了这个鸿沟。

童喜喜作为深入一线的专业教育研究者，特别懂得一线教师需要什么。她能够迅速把高深的教育理论深入浅出地表达出来，能够把自己专业研究的知识贡献出来，把理论转换为专业技能性的指导，转化为教育方法，从而真正满足读者的需求。对于能够真正提高实战技能和专业素养的作品，广大一线教师是有很大需求的，而这套作品能够充分满足这些需求。

第二，叙事具有很深的启发性。

一本好书，应该具有启发性，能让读者有感想、有思考、有共鸣，甚至觉得感同身受。这不是每个作者都能做到的，尤其是教育作品，能够让读者感同身受的不多。但我相信，童喜喜的这套教育文集能够取得这样的效果。

纵观童喜喜的这套教育文集，其使用的表现手法就是叙事。童喜喜用自己非常拿手的讲故事、深度描述等方式，来进行教育的叙事研究。可以说，本套作品是进行叙事研究的教育成果。

叙事研究是目前世界上正在大力提倡的教育研究方法。它把事件放在一个大背景下，观察事件、表达事件、反思事件、揭示事件，在所叙述的原有体验或原先研究的基础上，深入阐释，揭示事件背后的深刻意义，进一步总结归纳出理论或操作方法。

童喜喜的《智慧行动创造教育幸福》一书，就把新教育实验的十大行动，通过叙事手法，研究、分析、解释得非常到位，把十大行动真正落到实处，并对其进行了条理化、系统化、可操作化的梳理与总结。她做得非常深、非常细，也非常务实，给出了非常方便的抓手。我当时就说，这是十大行动的2.0版本，是十大行动指南。这也是这本书取得非常好的销售成绩并且获奖的原因。

童喜喜的这些著作，对叙事的手法运用得非常好。这些书里的叙事，几乎都可以作为我们教师在专业发展中学习叙事研究的一个范本。因此，从这套书中，读者可以学到很多。

童喜喜所做的教育叙事研究是非常难能可贵的。她做的很多工作填补了许多教育研究的空白，也弥补了许多教育著作因为从概念到概念、从理论到理论，从而少有人问津的缺憾。她把高高在上的理论与一线教育的实际联系起来，让叙事研究深入浅出，把教育文章写得喜闻乐见，让教学方法变得清晰简洁，让一线教育工作者喜欢阅读、乐于实践，这就是这套作品对教育的杰出贡献。

第三，理论具有很强的深刻性。

有深度的作品才能耐人回味，激发人们进行深度思考，而深度思考当然离不开理论。

来自国外的理论概念，一般来说只有经过本土化改造，具有中国的文化背景，结合中国的教育实践，才能真正对现实有所激发，才能真正具有深刻性。我们可以从童喜喜的文章里看到，对于一些理论，她并不是进行大段深奥的论述，而是用很通俗的语言来表达。

例如，童喜喜提出"同心圈"理论。

她在家庭教育中，运用了这个概念，来描述儿童与世界的关系：同心圈的中心是儿童。在儿童中心的周围，是家庭，是教育，是工作，是文化……这些外部的环境，一圈一圈地扩展出去。

她在新教育实验十大行动中，也用到这一概念。这时，是以行动为中心的，到教室，到学校，到区域……这些行动的范围，也是一圈一圈地扩大。

童喜喜告诉我，图示应该直观反映思想理念，如马斯洛的需求层次理论以同心圈表达比阶梯式表达更好，我认为很有道理。童喜喜的同心圈理论，用文学化的语言描述理论，实际上是用同心圈的概念来讲人与世界的关系。

换一种纯粹理论的语言来说，同心圈所说的就是生态学理论：从心理学的角度来说，就是心理生态学，也就是环境影响在孩子成长发育过程中所起的作用；从教育学的角度来说，就是教育生态学。如今国际上教育学者普遍认为，教育要做好，必须从家庭到学校，一层一层地往外扩展。

又如，我在《新父母孕育新世界》一书中，看到童喜喜提出了一个很好的概念——"元家庭"。

元家庭这个概念的核心，是讲如何通过叙事手段进行记录，把家风、家教、家训、家庭精神在代际之间进行延续和发扬。如果用纯粹的理论语言来描述，实际上就是社会资本与文化资本的理论。社会资本与文化资本的理论，正是研究这些社会关系，特别是家庭关系，怎么通过文化传承，来做到代际传承的。

本套作品提出的理论有着深刻的理论背景。童喜喜提出的概念十分深刻，又是深深扎根在中国的基础上提炼而成的，因此，这些土生土长的概念能够促使人们深思，鼓舞人们行动。

第四，语言具有很强的感染性。

好的语言是跨越理论与实践鸿沟的桥梁。特别是从交流的角度来说，一定要有好的语言，才能更好地描述和解读，使人们能够准确理解作者的思考。

童喜喜有一种一般人没有的能力，那就是把很复杂的事情，用很精练、很到位、很传神的语言传递给教师、传递给父母、传递给孩子，能把深奥的道理说得通俗易懂。这不是一般的教育人能做到的，也不是一般的作家擅长的。

童喜喜既有教育人的思想与方法，又有作家的文笔。在语言上的功力成为她的优势，无论书的整体结构、文章的起承转合、标题的凝练传神，还是文字的张弛有度……都非常吸引人。

好的作品一定具有这些特征，而这些特征在童喜喜的书里得到了清晰的体现。因此，我可以非常自信地说，这套作品一定会非常成功。

童喜喜就像一只小蜜蜂，采撷着教育一线的花粉，这套作品是从一线酿造出的教育蜜糖，也是为教育一线酿造的蜜糖。相信在未来，童喜喜会酿造更多蜜糖，给更多人带去更多惊喜，带去新教育的幸福，带去好教育的甜蜜。

2020 年 6 月 27 日于美国波士顿

序言

作家的超越

朱永新

（国家全民阅读形象代言人、"一丹教育发展奖"得主、"IBBY-iRead爱阅人物奖"得主、新教育实验发起人）

谁能够相信，一位儿童文学作家，走进教育界不过十多年的时间，就出版了一套18卷的教育文集？

谁能够相信，一位新教育志愿者，用十多年的时间扎根于教育田野，用一年时间只身一人走了中国29个省市自治区的100所乡村学校，行程可以绕地球好几圈？

谁能够相信，一位作家带领一线教师研发出来的教育成果，被国内外专家广泛赞誉，被近千所中小学先后践行，被100多万个中国家庭竞相实践，成为孩子内化素养的法宝、人际交往的妙招、能说会写的利器，甚至考试拿分的秘诀？

但这一切，童喜喜做到了。

2003年，喜喜用6天时间写出了她的成名作《嘭嘭嘭》。当年，她用该书的首印稿费捐赠资助了30名失学儿童，至今该书已经发行了100多万册，不断重印，长销不衰。许多当年的小读者，现在有的成为博士，有的为人父母，都表示：《嘭嘭嘭》帮助他们懂得了爱，增添了心灵的力量。

2009年，喜喜潜心5年、修订20余稿创作的《影之翼》，是中国第一部以儿童视角讲述南京大屠杀的童书，该书以其深刻的历史感、哲学性及优美而幽默的文字广受好评，成为原国家新闻出版总署向全国青少年推荐的百种优秀图书之一，并成为当年唯一一部入围"《当代》长篇小说年度奖"的童书。创作该书时，她阅读历史资料，了解到日本如何重视教育；完成该书后，她邂逅新教育，应邀参加了2009年的新教育年会，她被新教育的师生深深地感动了，7天写出7万多字的长帖予以点评。这篇题为《我想做个新的孩子——新教育年会的感动和忧虑》的评论，先在教育在线网站连载，后在《教育研究评论》杂志发表。随后，她将《影之翼》首印稿费全部捐赠给新教育实验，开启了一个作家的新教育生涯。

这些年来，喜喜持续捐赠稿费和资助公益项目。她聘请专职人员，组建团队，但仍事事亲力亲为：从建立亲子共读中心到创办新父母研究所，从主持新教育种子计划到担任新教育研究院副院长和新家庭教育研究院理事长，从连续7年担任新教育主报告研制小组核心成员到创刊并主编教育杂志，从领衔"晨诵 午读 暮省"等课程的研究与推广到探索与实践说写课程……十几年的新教育一线探索，让她结识了许多孩子、父母、老师、校长和教育局局长，以写作者的敏锐细腻和孩童般的真挚热情走进了他们的内心世界。

自2014年开始，喜喜陆续写作出版"新孩子"系列童书。这套书以新教育实验真实案例为原型、以教育部《中国学生发展核心素养》为体系，开启了"非虚构儿童教育文学"的先河。孩子可以在阅读中达成自我教育，节省孩子的时间，节制父母的成本，节约教师的精力，可谓一举多得。将文学和教育结合，是不少童书作者努力的方向，但创作出真正的儿童教育文学是很困难的，既要有教育的理论体系为筋骨，也要有文学的感性描述为血肉；创作出能赢得儿童喜欢的儿童教育文学，更是难上加难。喜喜的童书把教育的思想性和文学的可读性合二为一，真正做到了寓教于乐，孩子喜闻乐见，堪称儿童教育文学的典范之作。"新孩子"系列童书堪称是文学版的新教育教材，适合孩子、父母和教师共读。

童书之外，这一套"童喜喜教育文集"也悄然问世。

这套文集中，倾注着喜喜对一线教师的热爱、怜惜和鼓舞。《教师的说写》《22个放牛班的春天》《喜阅教学》等著作，喜喜用饱含深情的笔墨讲述了一位位教师的事迹，传达了教师成长与教学实战的技巧，鼓舞着每一位一线教师。《智慧行动创造教育幸福——新教育实验十大行动理论与技巧》是一本深入浅出的入门书，也是一本简明扼要的操作手册。它建构了十大行动的方法论，为一线老师、实验学校、实验区提供了教育思路和线索，为新教育的践行与提升提供了按图索骥的指引。

这套文集中，也有给校长的思考和建议。《如何打造一所乡村名校》重在为乡村校长寻找具体的行动方法。《校长的超越》中的一部分来自喜喜为《教育·读写生活》杂志所写的卷首语。这本杂志是在没有经费、没有人力支援的情况下，喜喜临危受命创刊的。每一期都有一个主题，她作为主编经常要写一份关于这个主题的卷首语。另一部分则来自喜喜开展公益项目时，每天为数百位校长写的一段"喜阅校长"的教育管理感悟，她连续写了365条。

这套文集中，记录了喜喜对家庭教育、家校共育的探索。《新父母孕育新世界》《家教演讲录》等著作备受父母喜爱，都曾占据畅销新书榜的第一名。《教师如何教育子女》则是一部别出心裁的作品，一些教师朋友阅读初稿时，许多人表示"一度痛哭""受益匪浅"。

这套文集中，还有喜喜的自我教育式记录。《十八年新生》真诚呈现喜喜18年的"蜕变"之路。《你的好，我知道》是一部教育诗集，多以哲理诗的方式阐释理念，直抒胸臆，得到了许多专业诗人的认可。她对自我的反思，她对教育的探索，她的绝望、伤痛、觉醒和幸福，会让人感动，给人启发，更会鼓舞人不断前行。

这套文集中，当然少不了喜喜多年深耕的阅读研究与推广。《喜阅读出好孩子》是她出版的第一部教育通俗理论专著，为中国孩子的阅读问题提出了系统的解决方案，自2014年首次出版以来，它成为新东方推荐的"父母必读的100本书"，获湖北教育出版社"40年40种好书"等，我曾把它称为"中国版的《朗读手册》"。这些年来，喜喜的阅读研究越来越深入，此次结集出版之际，我建议她将这本新作以"新教育实验十大行动"之首为书名：《营造书香校园》。她的研究为信息时代的书香校园建设提供了新的思考和路径，相信能够帮助更多人领略专业阅读的精彩。

在推动阅读的过程中，喜喜开启了对说写课程的研究。这项由她带领一线教师探索了十多年，此前得到国内外数十位专家好评、为近十万名教师开展免费培训、被100多万个家庭践行的研究成果，也通过这套教育文集分享了出来：面向父母的《家庭说写八讲》、面向教师的《说写课堂教学》、面向学生的《创造奇迹的说写革命》。我曾用创新性、公益性、易操作性和可复制性概述过说写课程的特点。中外教育家有不少人提出过阅读、写作、表达，尤其是口头表达的重要性，但是，说写课程把说与写紧密地结合起来，作为一个统一的项目进行探索和行动，并且形成比较严密的理论体系与操作模式，这是具有创新性的。在多轮实证研究中发现，说写课程可以内化学生的核心素养，轻松高效地提升师生的口才与写作能力，至今已被近千所学校采用。对大众来说，通过图书来学习这一创新课程，无疑是性价比极高的方式。

喜喜不是教育类科班出身，但是她对于教育现象的观察很有穿透力，对于教育本质的理解很有洞察力。她的文字不仅有作家的感染力，也有教育学者的思考力。同时，她能够站在教育之外看教育，有着与众不同的视野和角度。她是潜伏在成人世界的儿童，她是生活在教育世界的作家，她是思考在信息时代的先锋，她是躬耕在一线田野的学者。对儿童的深爱，对人性的悲悯，对美好的执着，对未来的洞察，让她的"童喜喜教育文集"充满了创新的光芒、文学的灵动、哲学的张力、行动的智慧。

喜喜说，儿童文学是以积极心理学的视角来创作的。儿童文学与教育的跨界，让她表达的教育观点充满了昂扬的力量。比如，她面对"原生家庭创伤"提出的"家教如莲"："莲花，绽开于淤泥之上……没有哪个人的童年完美无缺，没有哪个家庭不会带来一定的创伤。关键在于，是深陷淤泥就此腐烂，还是从淤泥中拔节，穿越水面，拥抱阳光。""把美好活出来"是她常说的一句话，她也的确是这样做的。

我要特别感谢喜喜对新教育事业的全身心投入。早在2008年，她就被《北京晚报》称为"最劲的童书作家"，当时的小说稿酬也达到了千字千元。如果她沿着文学的道路继续耕耘，她不仅完全可能写出更多更好的像《嘭嘭嘭》这样的作品，也会得到丰厚的收益。但是，喜喜于1999年因资助一位失学儿童和教育结缘，2009年走进新教育后就全力以赴地投入公益事业和学术研究中，一度不得不停止文学创作，她走了一条少有人走的路。

人生最难得的是体验和经验，儿童文学最重要的功能就是教育。十多年来，喜喜接受了许多挑战，经受了许多磨砺，看到了其他儿童文学作家没有看到的风景，也收获了这套沉甸甸的教育文集。对于新教育团队来说，我们不仅拥有一位优秀的儿童文学作家，还拥有一位出色的教育学者。

这套"童喜喜教育文集"，这十多年投身新教育一线的实践，其实也正是一位优秀作家对自我的超越。

2022年10月4日晨于北京滴石斋

目录

生命的飓风

生命像一阵风。

有的风，初起时呼啸，随后钻入巷道，最后萎靡为一声呜咽、一声叹息。

有的风，初起时悄无声息，一路积攒能量，最终奔向上空，气势磅礴。

有的风，掀起漫天黄沙，遮天蔽日渺渺万里，风沙过后万物蒙尘。

有的风，看似平凡无奇，风过，绿了一片片原野。

新教育人中有个传奇般的女子，大家称她为"飓风"。

而我，称她为"飓风姑娘"。

没有人不喜爱她：她为了帮助远方的年轻教师，可以在网上聊一整天，可以把自己的一手教学资料倾囊相授。

没有人不尊敬她：在当地，她早已被教育界奉为名师，她是该市极少有的第一批获得"小中高"职称的人；在全国，她先是成为新教育名师，退休后又成为新阅读研究所常务副所长、新教育种子计划首席专家、新教育首席培训师。

她活力四射，不仅会武术，还喜冬泳——武术也就罢了，姑且算花拳绣腿式的比画，但连续坚持十几年的冬泳可无法滥竽充数！

事实上，"飓风"的真名叫郭明晓，可大家都认为"飓风"二字更能彰显出她的灵魂。她的网名全称是"大西洋来的飓风"，但从来没有人如此叫她，因为大家从来没有觉得她犹如大西洋般那么遥远。

她就在我们身边。通过网络，她已经培训了无数学员。她在2020年举行的"飓风的新教育教室"系列网络公益讲座中，收到了2000余万字的听课感言。

信与爱诞生的力量，俨然已经让她抹去了时间的烙印。她随着时代一起成长、成熟，顽强地将时代带给她的局限一个个甩到身后。

她是新教育的榜样教师，也是新教育的传奇人物。她不仅是教学技艺上的职业道德模范，也是用生命书写传奇的人生典范。她这股"飓风"给无数教师带去了清凉、增添了力量。

牺牲棉球，成就名师郭明晓

当年，"飓风"还是个叫郭明晓的小姑娘——

她成长于"革命"风暴中，1966年上小学，上了不到一个学期就开始了"文化大革命"，于是她天天背《毛主席语录》，一心想做英雄。高中毕业后，她便下乡当了四年知青，前两年在生产队劳动，后两年当上了民办教师。

当民办教师时，她背诵《毛主席语录》的"童子功"派上了用场。

她第一次教学生学习《为人民服务》时，要求学生全文背诵，可学生总是背不下来。比学生大不了几岁的她当场一口气背出了《为人民服务》《纪念白求恩》《愚公移山》，学生们瞠目结舌，从此她在学生心中的形象也高大了几分。

可是，哪怕当了民办教师，她仍然对教师这个职业没有太多的兴趣。因为早在高中时，她就有了当医生的心愿。当时，学校有一个专门用于栽种草药的药园，她很喜欢那些草药，还买了不少医学书自学，知道了很多草药的药性。

等到了农村后，这广阔天地中图书却少得可怜，要借到一本医学书更是难如登天。但她还是对医学情有独钟，一本《赤脚医生手册》成了她的宝典。书上所讲的内、外、妇、儿、五官等科常见疾病的诊断与用药，她记得滚瓜烂熟，并且活学活用到能给生产队的人看病扎针的程度。

当时，生产队医务室只有一位赤脚医生，所以她时常跑去帮忙。医生和患者都对她颇为信任，放心地让她诊治。

改变她梦想的，是一个偶然事件。有一天，生产队医务室的医生忙不过来，让她帮忙给患者打针，她欣然从命。

患者看上去与一般人没什么不同，看起来并不邋遢。患者脱下裤子后，她娴熟而专业地夹起一个棉球，擦拭着要打针的部位，进行打针前的清洁、消毒工作。

第一个棉球用完后变得黑乎乎的，扔掉了；第二个棉球用完后也变得黑乎乎的，也扔掉了……如此这般，棉球接二连三地被用完扔掉……她万万没想到，整整用了十几个棉球才把那供打针的部位擦出一小块白净的皮肤！

对一个年仅17岁的小姑娘来说，这十几个棉球的刺激过于强烈。如果当上医生，不是天天都要面对这样的臀部和无数棉球了吗？！这个可怕的联想，彻底埋葬了她的梦想。而多年后再回忆此事，她仍然忍不住大笑——当时年少懵懂，甚至根本不知道护士和医生的区别！

一切都是辩证的——对医学界来说，这十几个棉球是悲剧；而对教育界而言，这十几个棉球则是喜剧。

因为"棉球事件"的强烈刺激，恢复高考后她再也没有想过要考医学院。填志愿时，她在财贸专业、师范专业两者之间犹豫着。她听说会计算错了账就得赔钱，而自己对金钱又向来不敏感，天天算账说不定连工资都要赔光……想到这里，她才选择了师范专业。

准备高考的过程是艰难的。那时的她正在村里担任民办教师，负责教初三一个班的数学、物理、化学三门课，哪怕她当时还很年轻，也经常觉得精力不足，十分疲惫。

而且，村里既没有高考复习资料，也没有交通工具，她只能每个周末步行四五个小时回城，四处找人借资料摘抄……

在这样的情况下，她毅然决然地参加了高考。

如此，才最终出现了2002年的那一幕：宜宾市第一批"小中高"职称评定，在为数不多的小学语文教师中，有了她的名字——郭明晓。

但是，她成为名师的路绝非一帆风顺。

飓风是1981届师范生，1980届之前的毕业生都是教中学，轮到她这一届，改为教小学。还没等她在这个转变中回过神来，她就被分配到一所小学教语文。

语文，是飓风的弱项。

尽管她从小就喜欢读书，但在那个年代里学校每天都在"革命"，课外能看到的书籍也不多。

她在当民办教师时一直教数理化，高考复习时不是看初中数理化教材，就是复习高中数理化，语文知识退化到极点，甚至高考时语文只考了45分。读师范专业时，她才开始真正学语文，两年恶补把字词句、语法、修辞基本搞懂了，但写记叙文仍然很吃力，而且她一直以为自己毕业后会教理科……

弱项，就从此成为弱点吗？

1981年9月，飓风开始上班。1981年年底，飓风参加了四川自修大学的刊授大学汉语言文学专业的学习。所谓"刊授大学"，不过是在《四川青年》杂志上刊登课程计划，一切都得靠自学。

1982年，四川广播电视大学（简称"电大"）汉语言文学专业招生。飓风憋足了劲想报考，想成为一名真正的大学生，结果教育局担心"凤凰会飞"，发文件不准这批年轻人报考，她只得作为电大的旁听生进行学习。

那时，必须所有科目的考试成绩都及格才有资格旁听，而且不准补考。这对一心向学的飓风来说，当然不在话下。正是这电大三年，她才真正学习了语文——不仅学习了所有课程的教材，还把教材所列的所有参考书全部看过。电大毕业后，她对教材的把握变得轻松多了，工作效率随之明显提高。

用了三年时间，飓风的语文水平从弱变强。1998年9月，她又开始从无变有——参加了宜宾学院计算机教育专业的函授学习。那时，计算机可算时髦玩意儿呢。这一次，她用三年时间学习了计算机教育的相关知识，毕业后尽管不会独立编程，但简单的操作已经会了。

飓风不仅爱学，更注重用。

正是在学习过程中，飓风才真正爱上了教育。她觉得做教育工作非常适合自己的个性，她还觉得搭班老师之间的配合也很重要。这个老师发怒，那个老师解释，有如严父慈母般互相配合，且不时更换角色，这样才能让孩子知道怎么做。有鉴于此，她和其他老师的关系特别好。曾有位数学老师跟其他搭班老师都会吵架，甚至吵到在家长会上互相拆台的地步，但和飓风搭班时，不仅相安无事，而且配合得越来越默契。

爱，总会让人沉醉。就这样，飓风不知不觉地沉醉在教育中：从1984年开始，她搞"质疑教学实验""整体教学实验""学法指导实验"，用实验引导自己不停学习相关教育理论，又用理论督促自己提高教学技能。

飓风用了十几年时间，使教学水平不断提高，并逐步形成自己的教学风格后，又于2002年承担了学校省级课题"有效实施新课程标准的实验"。这个课题，不仅关注学生的成绩，更关注学生价值观的形成。

飓风对这个课题极其痴迷，承担此课题期间，几乎天天都工作到凌晨2点。她觉得自己身体好、熬一熬没问题。可三年之后，课题结束，她的身体也被累垮了，一时间大病小病纷至沓来。当然，飓风绝不是喜欢用悲壮来衬托事迹的悲剧英雄。她当机立断，从课题结束之时便开始了冬泳。持续的体育锻炼很快又让她恢复了活力。

尽管该课题于2005年结束，但事实上飓风将该课题研究持续到了2008年9月，直到她参与的课改年级的学生毕业。

她发现，有两三个孩子在自己的管理下，虽然学习成绩都是优，但学习态度没上去。这种没有人监督就不能持续学习的态度，肯定会给中学留下隐患。于是飓风开始追根溯源，思考怎样才能点燃孩子的生命之光，让孩子有长期、持续的学习愿望？

超越名师，成就新教育的飓风

行至2008年，此时的飓风就职于四川省重点小学——宜宾市人民路小学，是教导处主任，是受人尊敬的名师，而且她已年过半百，仅凭现有的本领，顺利度过职业生涯的最后几年，安然退休，绝不成问题。

但是，在2008年11月，飓风在成都遇到了"新教育"。

那是一场学术交流讲座，那是似曾相识却又有点儿陌生的教育理念。

此前的飓风也一直在强调让孩子读课外书，但她无奈地发现：只有在家长重视课外阅读、能够跟进的情况下，孩子的阅读情况才会好，否则就不行。

讲座上，飓风认识了新教育的干国祥、马玲、常丽华等几位教师，了解了新教育的儿童阶梯阅读，发现他们做的俨然都是课外的事，可他们上课又精彩纷呈——她猛然顿悟：这，就是课内与课外的衔接点！

飓风敏锐地感受到，新教育和自己以往接触过的许多理论有一个最大的不同：新教育不仅仅关注学生的成绩更关注学生的生命。

这也意味着，对教师而言，新教育也有一个最大的不同：新教育不仅仅关注教师的业绩更关注教师的生命。

生命，这是个多么美好而奢侈的存在，又是多么容易被浪费的存在。从无意于教育到爱上教育，寻觅着如何教育孩子的这一路，不就是寻觅自己生命意义的道路吗？！

于是，新教育催生了飓风：

2008年11月，飓风邂逅新教育；

2008年12月1日，飓风正式在"教育在线"论坛注册"大西洋来的飓风"；

2009年3月23日，飓风正式在论坛建立班级主题帖，向自己、孩子和家长许下"过一种幸福完整的教育生活"的承诺；

2009年8月25日，飓风辞掉学校教导处主任的职务，专心带一个班的语文教学与儿童课程；

…………

她，彻底从名师郭明晓变成了学员飓风。

真的疯了！恐怕很多人都觉得飓风疯了！

加入"毛虫与蝴蝶"新教育儿童阶梯阅读实验，参加"海拔五千"新教育教师读书会学习，成为新教育实验网络师范学院（简称"网师"）正式学员继续学习……每一个简单的描述背后，都是无数文字资料的撰写、图片的拍摄上传、经典著作的啃读，是对飓风的体力与智力的挑战甚至折磨！

所幸，飓风的爱人肖老师觉得飓风没疯。

肖老师是一位优秀的小学数学老师，却因劳累过度导致视网膜脱落，手术后必须非常小心保养才能维持很低的视力。或许是因为自己不得不在教育事业上退居二线，肖老师把自己对教育的热爱倾注在了飓风的新教育之梦中。

所幸，飓风坚信自己没疯。

曾经，飓风还真的觉得自己可能有问题。比如，一位30岁出头的年轻教师找她帮助辅导教案，她让对方先做教案，结果年轻教师交给她一份直接从网上下载的教案。对此，她惊愕异常，感慨自己是不是有问题，要求太高。

可走进新教育后，她耳闻目睹的全是对教育几近饥渴的全国各地的学友。和他们一起阅读、探讨童书，她感觉自己返老还童了；在读书会的交流、网师的学习中，她感受着对自我的突破。

事实上，飓风原本不想参加网师，只是为了得到阅读后的探讨与碰撞，才走进了网师。在繁重的工作下完成网师的第一次作业，简直是场煎熬，但完成之后她不禁写道："我不仅完成了作业，更重要的是，我完成了一次为理想而执着追求的升华。不管作业过不过关，我都将继续走下去，追求那'世界老时，我最后老，世界小时，我最后小'的理想。我完成了一次追求理想的生命体验，即使作业不过关，也值了。"

"因为使命的驱赶，因为新教育，偶然间对着镜子，看到鬓角斑白的头发，想到消逝的岁月永不回头，我会庆幸，我的心灵没有伴着轮回的日月慢慢变老。我感到幸运，我的生命在新教育中一日日走向丰盈。

我虽年过半百，却能在新教育的体验中倾听灵魂深处生命拔节成长的回音。"新教育实验发起人朱永新老师曾在2010年元旦那天如此写道。飓风说，这也正是她的感受。

走进新教育一年后，在被评为"网师2009年度十佳阅读史"的总结文章中，飓风几乎骄傲地宣称："学校经常有老师问我，你每一天都从早忙到晚，累不累哦？我的回答是：不累！因为在2009年，我心未老。"

一颗追梦的心，如何会老？！

从生活中汲取力量执意前行的新教育人，如何会老？！

生命可以是一阵风、一阵飓风，可以摧枯拉朽地席卷和扫清对现实的抱怨、对年岁的叹惋，笔直向前，永不停歇！

所谓终结，本质上是新的开启

在新教育里，对所有熟悉的女教师，我都称为"姑娘"。对飓风，也不例外。

与飓风姑娘相识于2009年。写出上面的文字，只是源自一次从云南旅游返回时顺路的探访。没记错的话，当时连饭也不曾吃她一口，只是在她和她的爱人肖老师的陪同下，夜游了一圈宜宾城。

此后，更是君子之交。几年间，网络聊天屈指可数。她的微博我也没关注，原因很简单：她既不是我的种子教师，也不是我的萤火虫义工。

直到2013年。

这一年，飓风即将退休。

虽然我和她没有什么私交，但我也知道她是一位优秀的新教育教师，一位突破了年龄局限，以生命追寻教育理想、探索更多教育可能性的教师。我理所当然地认为这样一位教师应该被新教育记载。

2013年夏，我与新教育摄影义工薛晓哲赶赴她的教室，参加了她班级的期末庆典。

2013年秋，飓风退休了。换句话说，飓风的教师职业生涯已经走到了尽头。

这就意味着，哪怕你是个愤世嫉俗者、怀疑论者，你都应该相信一点——如果为了求名求利，飓风早应该动手，等到退休再奔向名利，实在太晚了。

可退休后的飓风，退而不休。

作为朱永新老师亲自邀请的新教育专家，飓风在退休之后，深入北京一所新教育学校的小学部担任课程指导，义务工作。除了她往返于四川和北京的差旅费会报销，她耗费大量精力在这所学校里指导一线教师是分文未取的。

因为我就住在北京，我担任新教育义工日常工作中的一项，就是协助朱永新老师处理这所学校的事务，所以我常常在北京接待飓风，我们联系得比以前更加密切。

从2014年1月开始，在我缺席的一次新教育会议上，朱永新老师和其他人员商量，又给我安排了一项"新教育出版统筹"的工作。我接到新任务后，第一时间就策划了一本特别的书——《我是大西洋来的飓风——一个新教育教师的生命叙事》。新教育鼓励一线教师在每一年年末都写一篇文章回顾自己这一年的得失。这本书的内容，正是飓风对她职场最后五年——她职业生涯中的五年新教育工作——的记录。

半年后，也就是2014年7月，这本书正式出版了。

我向所有老师、朋友们大力推荐这本书。这是一本真诚的书。她的这些真挚的文字，不是蘸着滚烫的热血写就的，而是以一种狂放的姿态，从走进新教育后的每一个年轮起始处，以热血喷涌而成的！

"神经病啊！"此时此刻，我的耳边响起了这样的声音——有人对飓风给出这样的评语。

是啊，有的人，终其一生都不会懂得：名和利是不重要的，真的不重要。

但我仍然坚信，任何人，只要认真看一遍这本书，哪怕再重名利，也一定会被飓风这种真诚的、赤裸裸的倾诉与自省所震撼。

我更想说，所谓的流芳百世压根儿不重要，它只不过是一个"名"字，不过是委顿的荣誉花环暂且未腐却成化石的光鲜说法而已。

什么才重要呢？

心。

一颗活泼的、美好的心，才是最重要的。

自从我成为新教育专职义工后，私下里有很多人问过我："你为什么不仅不要钱，反而还出钱又出力，还不断地挑战自己，以一种使自己死去活来的方式从事新教育的工作呢？"

在那些极度疲惫或是伤恸欲绝的时刻，我也反复地这样问过自己。

当然，我是因为总能够找到答案，才继续着我的专职义工生涯。

比如，在看到这本书的那一刻，我找到了答案：

为了和飓风这样的人相遇。

为了有足够的阅历，在遇到飓风这样的人时，懂得欣赏、懂得珍惜。

为了历经世事后，还能保留着最纯净的笑容，灿烂地冲着她笑。

为了拼命努力之后，有能力积蓄起足够的力量，久久、紧紧地拥抱。

…………

况且，就在我推动的这些新教育公益项目中，多少年轻的教师，在十数年、数十年之后，会在生活的激流中，冲刷涤荡出同样美好的心灵！

而这些教师的璀璨的心，又将与多少孩子的心碰撞出生命的火花呢？

这些生命的乐音，很多是在城市里回响，但更多的是在乡村的山野里激荡。

这一切，让能够于幻想中见到这一切的我，如何不深深期待？！

当然，任何一颗心都不可能完美。

每年写一篇年度生命叙事，是许多新教育人坚持在做的事。

飓风让我最为动容的文字，不是记录创造的辉煌，不是记录所获得的荣光，而是似手术刀般剖析自己的文字。她那刀刀见骨的疼痛，让我感同身受。这一年又一年的年度生命叙事，最终组成了飓风生命的华彩篇章。这些文字如实地记录了一个生命的不断蜕变、成长。

我们能够从中看见，我们终其一生搏斗的对象，不是这个世界，而是自己。

于是，所有的终结都是新的开启。

我衷心地希望，飓风的这本书，作为她职业生涯的终结，会开启其他教师们的故事——无论是男是女、多大年龄，愿大家借这股飓风鼓动双翼，从此翱翔天空！

我认为，我为飓风出版了这本书，也算是为我和她的交往画上了一个圆满的句号。却没想到，我和飓风的故事，才刚刚开始。

同心同行，退而不休再创奇迹

每个人的生日，都是属于自己的一个节日。我认为，每个新教育人，无论大人还是孩子，都应该收到自己的生日诗。

我不可能每年都为每个人送出生日诗，但我一定要为身边的这些人起码一人送出一次。

那封生日信，其实写于飓风56岁生日的第二天，2014年11月5日。

生日信里，我送给她的是北岛的名诗《回答》，我对飓风说——

每个人的生日，都是属于自己的一个节日。而每个新教育人，无论大人还是孩子，都应该收到自己的生日诗。

飓风，收到你的短信后，脑海中一直回荡着这首诗，一直回荡，一直回荡，念着要给你写信。

昨天因为太忙没有写，今天抓紧时间简单写了几句，也没有附上这首诗。

刚才在网上转了一圈，才发现，昨天是你的生日。

原来，我昨天一直想告诉你的，是应该属于你的生日诗。

每个人都是自己生命的诗人。但是，每个人都只能写出自己的诗，而不能规定他人如何解读。

所以，这么多年来，诗人北岛的这句"卑鄙是卑鄙者的通行证，高尚是高尚者的墓志铭"是如此被广为传诵，几乎成为一条"法则"。

有多少人真正愿意倾听诗人的声音？我们的诗人在奋力疾呼的是："告诉你吧，世界，我——不——相——信！纵使你脚下有一千位挑战者，那就把我算作第一千零一位！"

我并不认同"卑鄙是卑鄙者的通行证"。没有人是卑鄙的，每个人都是有理的，自有道理。存在即合理。每个人所做的事，都有缘由。我几乎能够理解所有人，只是偶尔会为了他人无法完全理解我而伤心。

但我有着和诗人同样的呼声，我愿意做那第一千零一位挑战者。

送你这首诗，是因为我在你的生命中，听到了同样的声音。

亲爱的姑娘，我最开心的是，你几乎按照我的理想在活；我最幸运的是，我一直看着你永远如此年轻，得以感受到生命如此璀璨！

从第一次网上聊天，你大呼自己是姑娘的妈，却被迫接受我"姑娘"的称谓开始；从第一次在宜宾见到你，仰慕你是冬泳爱好者开始，我跟你算是君子之交淡如水吧！大家忙着自己的事情，就这么不知不觉地前行着，同行着，说着，笑着。

你还将如何活呢？前两天看到了一篇文章，我当时就想到了你——

文章的作者在国外生活，讲到一位叫奥尔佳的女性的经历，称她是"职场上极为典型的例子"。文中介绍，她有三个孩子，她一直是家庭妇女，直到最小的孩子上五年级，她快50岁才拿到硕士学位，然后开始工作，不断得到晋升，大有干到80岁的势头。

文章中还讲了另一些人，是另一种类型：作者很喜欢的"社会政策导师"菲奥娜，不到50岁就被任命为作者所在大学的社会及政策研究学院院长，但她辞职了，跑到印度尼西亚做一名志愿者；作者的导师，常年与她的丈夫一起在慈善性质的二手店做义工；一位给旧唱片做标签、整理归类、耐心解答问题的老先生，是该国历史最悠久的一所音乐学院的教授……

虽然极少有人像"奥尔佳"一样在如此年龄还能不断晋升，但新教育实验却为你提供了这样的平台。

我希望你能够好好休养，逐渐把这些年来工作对身体的透支，彻底补回来。我希望你能够专注工作，逐渐把这些年积累的经验呈现出来，经济上也富裕起来。这样，你就可以更加愉快从容地生活着，干到100岁！

生命只有一次。面对人生，如果你是第一千零一位挑战者，那么，把我算作第一千零二位！

飓风，生日快乐！天天快乐！

（本来我要把这首生日诗和生日信发到微博上，对我而言，这首诗纯粹是对世界的质问和对自我的拷问，而不是针对他人、指责他人；但是，考虑到可能会有人误解，想了又想还是不发啦。所以你就自己享用吧。哈哈，你愿意和人分享，就不关我的事啦！）

在生活中，飓风已经无数次为孩子送出了生日诗。但是，她告诉我，这是她收到的第一首生日诗和第一封生日信。

而我呢，在给飓风送出生日诗之前和之后，我给无数一线教师写过诗、送过诗，却没有任何一位教师像飓风这样——是的，没有任何一位教师像飓风这样，对我送出的生日诗、生日信如此珍而重之。

2015年2月，在我送出生日诗的三个月后，飓风接受了我的邀请，正式成为新父母研究所的一名兼职员工。

当时，我是感觉到她有可能愿意成为团队一员，才发出邀请的。但是，在我的邀请中，我明确提出，给她支付的是兼职工资，月薪1000元；工作的担子之沉重，完全不亚于她当年在学校的那些工作。

我当然知道这很荒唐。所以，我还同时给她说了另一种方式——如果她不当兼职，就会有相对优厚的待遇。这句话听起来奇怪，但是千真万确。

没有自己捐款做过公益项目的人，无法理解我的逻辑。

飓风是真正的新教育专家，尤其难得的是她对理论的理解、对实战的运用，两者兼具，因此可以为一线提供深入浅出的指导。

如果飓风只是当专家，理所应当得到正常的待遇，这待遇不可能低。绝对不可以让她再像为北京的学校做课程指导那样完全免费。但是，我的捐款仅仅只能维持公益项目的运转，那么，我可以通过控制聘请专家的频率，让这些公益项目能够继续维持运转。

我为公益项目聘请的工作人员，几乎都是普通员工，而且主要员工都在外地生活，按照当地工资标准支付报酬。正是这样，我通过选择不同的地点，支付相对北京来说要低得多但在当地还算正常收入的费用，让这些公益项目能够维持运转。

简单地说，如果按照正式聘请一位专家的工资标准，我捐赠的稿费不够用，而且我也不知道如何平衡其他专职工作人员的待遇。

飓风的选择，让我意外。她选择成为我的兼职工作人员，拿着低到可怜的1000元，做着最繁重的专职工作人员的事。

在很长一段时间里，我都被她这样的选择所激励，我觉得我必须拼命向前才能不辜负她对我的信任。我却一直不明白她为什么会答应我。

直到2016年年初，读到飓风的2015年生命叙事，才发现她对这个问题悄悄地"坦白从宽"了。

在她这一年的生命叙事里，有一小节，叫"纵身一跃，成为萤火虫"。

一提起长征，人们总要想起红军的二万五千里长征。人们哪里还会想到，在当今社会，还会有人像"傻子"一样，自愿再创造一次新的长征。这个"傻子"就是生如萤火虫的童喜喜——我心目中的"大头"孩童。

2014年9月，童喜喜准备要用一年的时间，走完100所乡村小学，义务为这100所学校的父母、教师做100场推广阅读的讲座，与这100

所学校的教师座谈阅读教学，而二十一世纪出版社为这100所学校的每一所都捐10万元的图书。然后新父母研究所和种子教师团队后续跟进，进行阅读指导活动。这就是童喜喜这个"傻子"发起的"新孩子乡村阅读公益行"活动。到2015年5月，她独自一人用9个月的时间走完了活动的第一阶段，完成了100所学校阅读活动的前期工作。我把她的这次行走称为她一个人的"长征"。

我曾亲见，她在山东诸城做第15场讲座的侧影。17日早饭前，我到她房间看她，她沉浸在悲痛中写悼念熊辉的文章差点忘了吃饭；在早饭时，她与各地来的"萤火虫们"谈工作……等再见她时，已经是下午6点，她做完了第15场公益讲座后，回到我的房间，在等待吃饭的空档整理讲座用的资料、反馈意见和安排后续讲座……

我"特意"提醒她，让她把节奏放慢些。然而，我事后才知道，原来这场公益活动有着"寒暑假不能讲，节假日不能讲，天冷了也不能讲"的"三不讲"苦衷；我才知道，她要在天冷下来之前讲完50场；我才知道，这样的公益活动对她来说真的是"玩命"的活动。在这样的情况下，还要掺杂进许多不属于这100场公益活动的其他公益活动……在吃晚饭时，我才吃了个半饱，她就又起身去一个幼儿园给300多位父母讲"喜阅读出好孩子之父母"的讲座。18日再与她相见，是她在明诚小学的讲座快结束的时候，她一袭白衣，精神饱满地讲述着，讲座在她的《影之翼》的主题歌中结束。"去为赶路的人，送上一点光明……"她这个"大头"，就是点亮自己，给别人送上光明的人。她讲完后，我们只有三言两语，她就匆匆而去，转场到其他学校去做另一场讲座。等中午吃午饭时，她又从其他学校回到明诚小学，走路时也在用手机查找资料，吃完饭，她又起身去火车站回北京了。

一天半，她做了6场讲座，我俩见面四次，这四次见面还包括她吃饭的时间，加起来还没有她做一次讲座的时间长。这让我知道了她做起公益活动来真的是不要命，让我知道了她是怎样用自己的热血来点亮自己、照亮他人的，让我知道了她怎样生如萤火。我在想，她应该是第一个为了教育只身走完中国几乎所有省份的人。

去年的经历，成为我关注她"长征"每一步的原因。关注"新孩子乡村阅读公益行"活动，是2015年我关注微博的主要内容之一。2015年4月23日，我与她和另一位新父母研究所的工作人员，分别从宜宾、北京和焦作赶到成都汇合，去阿坝州金川县进行"新孩子乡村阅读公益行"活动和新教育培训活动，把从网上的关注变成了同行，变成了亲身体验。

我早晨6点从家里出发，已经觉得够早的了，而她却是凌晨5点从家里出发的，也就是说，她凌晨4点多就起床了。当我们坐上去金川的车后，一路上都在商量关于公益行的活动与种子教师研训营的活动的事情，坐车时也在工作，这又是我没想到的！直到晚上9点多才到金川县，吃完晚饭已经10点多了，我们都累得直接躺下，直到第二天早晨6点多才起床。而她照样工作到晚上12点多才睡，第二天5点半就起床了。如果不是亲眼所见，我真不敢相信她是如此工作的！

4月24日，吃过早饭后，我们一起来到学校进行参观，接着是她两个小时的讲座。在我做讲座时，她又与公益行学校的老师们座谈。中午，我们甚至连饭也来不及吃，就又坐上了赶往宜宾去的车。

从金川到宜宾，我们坐了近10个小时的车。路上，车又出了问题。我这才知道，不仅旅途劳累异常，而且还存在安全隐患，这是拼命的旅程啊！到宜宾李庄已经是晚上11点多了，洗漱完毕后已接近12点。

4月25日，她照样是凌晨5点多就起床写作。7点吃早饭，然后就是到学校参观、讲座与座谈到12点。中午，她又是匆匆吃饭，饭后立即采访宜宾市人民路小学陈刚校长采访一直到下午3点，然后一个人坐上汽车回成都，准备4月26日飞西藏灵芝，进行"新孩子乡村阅读公益行"第86所学校的活动。

与她同行的这不到三天的时间里，我看到她行走了两所学校。我当时只有一个愿望，放下手中的一切事务，陪她走完最后的十几所学校，但被她严词拒绝了，只能每天在微博上看她"长征"的脚步。我知道，她的每一则微博背后，都有许许多多她点燃自己、照亮他人的故事。这些故事，足以汇集成为她教育生活的编年史。

6月初，新父母研究所在北京举行"新孩子乡村阅读公益行第二阶段启动仪式暨新孩子校长联盟第一届研修班"活动。这一次我有幸负责与会发言代表的磨稿任务。所有发言代表无一例外地用大量的篇幅讲述了童喜喜来到自己学校的故事，而且都不愿意删减。为了紧扣活动的主题，我不得不对他们的发言稿进行删减。每一次删减我都遭受无比大的阻力。我知道，这就是童喜喜这个"傻子"点燃自己的人格魅力，她正如她书中描写的"大头"一样，化为一颗星星，照亮夜空。这些发言代表都是由她照亮的，自然不愿意删减讲述她的故事的部分。

6月3日，她来到北京新教育实验学校与我一起做"新孩子在行动"的PPT，我才有幸与她一起回顾她一个人"长征"的每一个脚印。与她在一起直到会议开始之前的几天时间，我每天睡三四个小时，而她竟然比我睡得还少。她这样的工作状态，我已习以为常了，现在都不想描述了。因为我知道，在公益行的路上，她比这更辛苦100倍，于她而言，坐在安静的办公室里熬夜工作，简直就是最轻松的事！

在做PPT时，我们把她走过的学校按序排列，100所学校100张相片播放100秒，看来看去，时间都显得太长，很容易让人感到疲惫无趣。我问她："你怎么这么傻啊，做100所学校，那么多，总结起来让人看着都烦？"她怎么回答的，我已经记不清了，只记得一个词"百炼成钢"。是的，她的这一路就是百炼成钢、千炼成钢、万炼成钢……生命炼成钢的过程。她用生命在践行傅雷的这句话："赤子孤独了，会再造一个世界。"

那几天，我也如她一样拼命工作，我以与她一起工作为荣，同时我也在追问自己："你能成为像她这样的赤子吗？"

在这次会上，我还认识了另一个赤子——李玉龙。在新教育乃至全国教育圈内，他都是一个大名鼎鼎的人物。我这个孤陋寡闻的人，正是在这次活动中第一次与他相见。

记得开会的那天早晨，我急匆匆地跑进电梯时，看到电梯最里面的角落，一个高大魁梧的男人无力地靠着，似乎有倒地的危险。他见我进电梯，有礼貌地站直了身子。我还没反应过来，他开腔了："您就是飓风老师吧！""您，您是……""我是李玉龙！"他豪爽地答道。"啊，李老师，久仰大名！"我无比欣喜地与他握手。然后，听了他的演讲，见识了他的风采与睿智，听说了他是重病才出医院就到北京来参加这次公益行活动的，看见他竟然都走不上二楼去吃饭，只能在会场吃饭的情境，更领略了他喷发的生命活力。

又一个赤子走进我的心里！

我再一次叩问自己，你能与他们为伍吗？你能跟随他们的脚步前行吗？

那几天，工作很累，睡眠少之又少，但我明白了："新孩子，是具有儿童精神的大人或孩子，尽管有成人容貌，却有一颗赤子之心！"我得修炼这样的赤子之心。

6月8日，童喜喜给我发邮件，给我自由选择的机会，询问我愿不愿意成为新父母研究所的兼职员工，如果愿意，研究所会发一份兼职工资。

反复地与心灵对话，只想与他们这样一群人为伍，只想像童喜喜、李玉龙那样点亮自己，让自己退休后还继续"活"着……最终确定自己愿意不断地跟随这群赤子前行，成了新父母研究所的一员。

愿生如萤火虫，点亮自己，照亮他人。这是我2015年的又一次纵身一跃。

正是在与飓风交往、与她这样的一群人交往的过程中，让我有了"人是一个同心圆"的思考。

一个完整意义上的人，应是一个同心圆。

圆心，是个人。外环依次是家庭、机构（团队）、国家（民族）、人类、天地、宇宙。

缺少外环的周遭之大，会导致整体之小。缺少圆心的个人之实，则导致整体之空。所有成长，都只是从一环向另一环扩充自我的过程。

我和飓风，就在这个不断突破自我、扩大外环的路上，偶然相逢。

我和她，都走了一条从个体到群体、从"我"到"我们"、不断自我挑战的路。

我开始明白飓风是我精神生命中的一部分，是一个重要的存在。

但是，此时的我，仍然不知道飓风对我的意义重要到足以影响我的生死。

涅槃重生，灵魂在烈焰中相依

从2010年春的第一次相见，我写下一篇《生命的飓风》，到2015年飓风成为团队一员，一场飓风吹到现在，我万万没想到，这篇文章，会随着时光继续，故事会越写越长。

我常常感到疑惑：在当年，飓风分明属于和我交流最少的那一类啊！

相反，当年与我交流最多、我最信任的一线教师，许多都已经在前行的路上失散了。

去与留，都是正常的人生选择。每个人只要没有触碰法律的底线，就可以自由自在。何况只是工作上的聚和散。

漫长一生，每个人正是在选择的过程中，逐渐筛选出一些事物，也让那些事物成为真实的自己。

只是，在失散的时刻，有一小部分人，他们用真实的行动展露出自己真实的模样。那种可怕程度，一度让我怀疑自己十年前闯进的是地狱，而不是教育界。

尤其是在2019年7月13日，我公开宣布辞去新教育理事会副理事长、新教育研究院副院长的职务之后，我被身边人好好地教育了——我曾经在朱永新老师、张勇的人生中亲眼见证过的那一类人与事，在张勇猝死之后，也发生在我的身上。

只是，在我自己身上发生时，我的智商，一时间完全无法理解那一切。

我不是"傻白甜"，不是完全不懂世间的名利、人性的欲望。我只是从我的角度，始终找不到一个形成闭环的逻辑。

我真的不知道，这样的一个职务，虽然我客气地不说它"算什么东西"，而是尊重它、视它为一种荣誉——我也的确把这个不赚一分钱的职务视为一种荣誉，但是，它为什么会那么重要？

就算不说这里是公益组织，这里也只是一个民间机构啊……就算在这里被封为"国王"，又能如何呢？

我是长期捐赠自己的稿费，无偿从事新教育的事务工作，难道我的捐款变成了"买官"吗？

我是写完《影之翼》之后，遇到了新教育。完成这本中国第一部以儿童视角讲述南京大屠杀的童书，我以为投入实际行动中能够提升自我。我这样奔走于新教育一线，不仅几乎彻底放弃我的文学生涯，而且殚精竭虑到透支健康，最后，他们认可的和我本人毫无关系，而是新教育这个"官"？就连我的身边人也是如此？

无限疑惑，还伴随着巨大的羞辱：如果这个"官"这么重要，那么，我是窃取了多少根本不属于我的权力啊——我用十年时间，自以为陪伴鼓舞了一线教师，深耕了新教育实验，其实，我只不过是个戴着"新教育官帽"的小丑，自作多情、自以为是、自不量力……当然更是自寻死路、自取灭亡。

在努力探索真相、理解外部世界的同时，萦绕在我心中的是极度后悔——为什么我没有更早一些辞去新教育理事会副理事长、新教育研究院副院长的职务呢？

哪怕在2015年7月，我被迫接受新教育理事会副理事长、新教育研究院副院长的职务后，上任的第3天，我就再次向朱永新老师申明，希望辞去这些职务。

哪怕在2012年年初，朱永新老师要求我把机构更名为"新父母研究所"，以显得气派一点儿时，我长达半年时间都未同意。

哪怕在2011年11月23日，我主动请缨放下写作两年，要做专职义工时，我根本没想过成立任何机构，只是做个公益项目，自己捐款并担任项目负责人。

哪怕在2010年10月，我接受邀请，同意担任新教育基金会副秘书长，一个月后我就宣布辞职。

哪怕在遇到新教育的2009年之后，一年中朱永新老师至少3次邀请我到新教育中做事、任职，我都谢绝了。

……………

我不断反问自己，不断反思一切。

我反思的内容，从"为什么我要担任新教育职务？"，逐渐变成"为什么我当初会走进新教育？"，以及"到底什么是新教育？"和"到底什么人算新教育人？"，最终演变为循环往复的"为什么我现在不能彻底离开新教育？"。

在网络上，我常见被评为"三观尽毁"一类的人与事。再惊悚的新闻，我也不再长吁短叹。

就算我对朱永新老师和张勇感情深厚，在他们遭遇同类事件时，我又喊又叫、又蹦又跳，可是，当亲身经历，感受还是不同。

后悔如同巨锤反反复复敲击着我，世界观、人生观、价值观逐一粉碎，日复一日堕入虚无，这种真实的精神生活，是真正的炼狱。

正可谓："纸上得来终觉浅，绝知此事要躬行。"可惜生活这一次给出了悲剧版的注解。

此时此刻，飓风几乎以一己之力挽救了我。

其实，回想起来，哪怕就在当时，还是有不少朋友在真心诚意地帮助我，主动伸出手拉我。他们的分析，也为我认清世界产生了极大的作用，很多分析都是单纯的飓风无法为我提供的。

只是，飓风的存在，太特殊了。

飓风同样是我的身边人。不仅如此，她还是我所有新教育的同行者中，为我做事最多、得到回报最少、和我同行时间最长的人——从名而言，她长期只做事、不留名或者只在其他项目负责人后面留个名；从利而言，我给她的各种费用加起来是最少的，而且她获得"新教育年度人物"的奖金是真正捐给我做了公益项目；她几乎没有任何权力，她唯一的权力就是根据我的指令，干活、干活、再干活，甚至直到2019年年初我心血来潮突然安排她担任新阅读研究所常务副所长之前，她没有任何"官位"……

这样的飓风，她说的话，我都信。

我不是信她说得正确，她不是完人，思维也会有局限；而是信她说得真实，但凡她说出口的，必然是真的，尤其是她对我的批评和点评。

"三观"被生活尽毁之后，人会怀疑自己过去相信的所有人与事，越是曾经坚信不疑的，就越是深深怀疑……在那些日子里，飓风，我信。只有飓风，我才敢信。

也是在这样的日子里，飓风写了一首诗，送给我。

《致战斗民族》

作者：飓风（郭明晓）

坚定地迈着大步

天晴了

灿烂的阳光迅速燃烧

最大的黑色云雾

坚定地迈着大步

梦太美了
你有天马的翅膀
生命飞上无限高度

坚定地迈着大步

上山吧
人生需要攀登
脚下就是辉煌的路

坚定地迈着大步

走向希望
穿越雨中的山谷
笑与哭都是一种幸福

坚定地迈着大步

星光

山峰上的新鲜花朵

已经拉开黎明的帷幕

2019 年 8 月 28 日 7:15 于北京

飓风希望我成为战斗民族，希望我坚定地迈着大步继续前进，希望我能为捍卫那些美好的一切去战斗。

我努力像飓风说的那样，行动了。

今天的我，就是在那场烈焰将我的一切焚为灰烬之后，在新冠病毒疫情中，以灰烬重塑。

现在再回想起三年前，我只觉得：实在太可笑了。

不过，当时的痛苦之火，也有所收获——我和飓风，共同经历了人生中是与非的选择，我和飓风的情谊也重新淬火锻造出新的情义。

早在 2018 年，我就想为飓风写一本书，作为送给她的生日礼物。当年没有时间写。其后张勇猝死，几年风云变幻，一直没有完成。

倒是在 2021 年应邀为《盲童文学》写连载时，我写下了《飓风回家了》系列故事。这是一系列童话，讲述一个叫小树的失明女孩和一场来自海洋上的飓风的故事。这个盲童，就是我。

但是，仅仅写下这些，当然不够。

人活着，是为了什么呢？不同的人有不同的答案。在我看来，科学，终归为了探索外部世界；情义，才让人类得以互见自我。

总有一天，我会写下一本书，写下飓风和我的故事。那是两个人的教育，两个灵魂跨越时空的相遇，两颗心的自我教育和互相教育。

风，"不知所起，一往而深。生者可以死，死可以生。生而不可与死，死而不可复生者，皆非情之至也"。

生命如风。

觉醒的生命，有如飓风。

22 个放牛班的春天

好班总是相似的，"差班"却各有各的不同。

成都市武侯实验中学的九年级某班是一个全校闻名的班级：两年换了4位班主任；考试成绩全校倒数第一；全班学生共35名，有"四大天王"等好几个"团伙"……

单说被称为"四大天王"的4名学生，他们的共同特点是喜欢打老师。他们公开宣称："一般情况下，我们一天可以把老师打几次。如果心情好，我们就一周打一次。要想不挨打，除非不让我们看见。"

该班的第4任班主任是一位30岁刚出头、血气方刚的男老师，因为被"四大天王"殴打，他只当了一个多月的班主任，就愤然离开了。

其实，这个班上还有几个同学偏爱独来独往，不属于任何"团伙"，但他们张狂、尖锐、冰冷，其破坏力、杀伤力甚至大于"四大天王"……

对这样的一个班，所有了解情况的老师们的评价完全一致："土匪班！""行为习惯差，学习极差！""没救了！已经彻底坏透了！"

该班的数学老师龚林昀说起这个班时悲哀至极："我教了十几年

书，还从来没见过这么差的班！"

2010年9月1日，"大名鼎鼎"的"土匪班"迎来了第5位班主任邹显惠老师。

2010年9月10日，邹显惠喝到了一碗特殊的鱼汤：班上的3个男生，为了能在教师节这天上学的时候把汤端到学校来，在这天早晨6点钟就起床熬汤。递到邹显惠手中的时候，鱼汤还是热的。

一年之后的中考，这个曾经在几乎所有老师和许多学生心里都被判了"死刑"的"土匪班"，有5名学生因为成绩优异，取得直升重点高中的资格；4名学生考上了重点高中；其余学生全部考上了普通高中、职业高中……35颗被尘埃遮蔽得昏暗的心灵，苏醒了。

无论接手这个班，还是送走这个班，邹显惠的心情都平静而喜悦，一如往常。因为，从1988年担任班主任开始，截至2011年的23年中，邹显惠接手过23个班，其中22个都是这样的初三"双差"班，但最后都取得了类似的好成绩。

邹显惠，何许人也？

她非常普通。她在特殊的年代失去了求学的机会，没有漂亮的学历。自从1975年担任成都市簇桥中学（成都市武侯实验中学的前身）的代课老师开始，她一辈子都在这所学校里教书。她在临近退休时，因为发表论文的数量与质量不符合要求，险些无法评上"中学高级教师"的职称。

她非常神奇。她的故事不仅被许多报刊报道，甚至让教育家李镇西都赞叹不已。李镇西长期关注她的教育教学工作，为她撰写多篇文章，并且四处呼吁，最终帮她解决了职称问题。

邹显惠的从教经历是一个值得书写的传奇。这个传奇，是平凡中蕴藏的神圣，是日常中创造的神奇，是所有师生都可以从中汲取的养分。

因为，邹显惠的成功，在于她掌握了教育的规律——问题的表象五花八门，教育的本质规律却是共通的。

所谓规律，是"事物之间内在的必然联系"，也是事半功倍的捷径。

一　尊重比爱重要

邹显惠对自己有个要求：对学生绝不生气。

"发火是一种无能。眼神是最厉害的武器。"这是邹显惠的秘诀。

她的总结是，调皮的学生会故意气老师，只要老师一生气，老师就输了。

不生气，是尊重的前提。邹显惠用这种平静与坚定的尊重，准确地向学生传达出真诚与智慧的爱。

尊重学生的兴趣爱好

一般来说，成绩越差的学生越坐不住。邹显惠的绝招是尊重他们好动不好静的习惯，从抓体育入手，既抓跑步、跳沙坑等具体项目的训练，也抓素质操、体育课、行为习惯等方面，到了自习课也开展体育活动。有的学生犯懒，不想站、不想动，会以"上厕所"为借口溜走，对这样的学生，邹显惠明确规定如厕时间最多3分钟，必须快去快回。这样借运动训练纪律，对课堂纪律有着潜移默化的改善。

还有一次，邹显惠带了一个学习基础特别差的班，全班学生普遍写不好作文，一篇作文中错别字要占一多半。邹显惠以前用过的让学生写周记来与班主任交流思想的方法，显然已经行不通。如何突破？邹显惠一直在苦苦思索。

在一次物理课上，邹显惠发现有个学生没有听课，而是在画画。课后，邹显惠找他谈话，他说另一个同学欺负他，自己无力还击，就画漫画去耻笑他。邹显惠立即想到全班学生普遍喜欢看动画片、画漫画，计上心来。

于是，邹显惠在班上办起了漫画展。她发动学生人人动手，全部参加，从大家的漫画作品中选出较好的作品，分门别类地编排，每位创作者写出自己的构思意图。她在展会前指定几名解说员，要求他们熟读解说词，在展会上解说；同时请美术老师到场，评选出优秀作品进行奖励。就这样，一个漫画展变成了一个围绕主题讨论、培养写作能力、锻炼口才、展示特长、陶冶情操的综合活动。

第一次漫画展的主题，是根据班上的情况，请同学们把身边的歪风陋习、不良现象，用漫画的形式进行抨击。接下来，邹显惠还根据不同需要，围绕感恩、生活陋习、班级新变化、重大节日等不同主题开展了各种漫画展。在一次又一次的漫画展中，同学们进行着自我教育和集体教育，班上逐步形成了良好的班风和学风，其他各项工作也随之有所好转。

尊重学生的感情

"早恋"，这是许多中学班主任都会面对的一个问题。在"差班"，这个问题会特别突出。邹显惠在刚刚当班主任的时候，曾经做过一个实验，分别采用"堵"和"疏"的办法来处理"早恋"问题。

当时，邹显惠对班上一对"早恋"的学生采用"堵"的方法：在单独谈话时严厉批评，通知父母到校进行三方谈心。谈心时，邹显惠与父母站在一条战线上，与学生谈了两个多小时，结果是学生碍于面子没说什么，回家后就与父母大吵大闹。谈心后，这一对学生开始对邹显惠进行无声的对抗，经常用愤恨的眼神表达对她的不满，师生关系从亲近变为疏远。

对另一对"早恋"学生，邹显惠采用"疏"的方法。当看见女生在周记里流露出苦闷情绪时，邹显惠找她谈话。得知她喜欢上了同班的一位男同学，邹显惠对她表示理解，说："这说明你已经长大了，逐步进入了成年人的行列。老师一点儿也不奇怪。"同时她又提醒："你正处于学习阶段，不是谈恋爱的时候。当前，你的首要任务是学习，处理类似问题的条件和能力你还不具备。"女生很赞同，却又自控力不足。邹显惠就继续耐心地陪她谈心，帮她出主意，讨论如何转移注意力，如何把精力集中到学习上……就这样，女生三天两头找邹显惠说悄悄话。如此无话不说的谈心长达两个月之久，女生顺利解决了自己的情感问题，进入了正常的学习状态，成绩有了大幅提升。

有了这样的经验后，邹显惠总结出一个有用的办法：泰然处之，双管齐下。

就算发现学生似乎在"早恋"，邹显惠也绝对不说"早恋"两个字，而是把他们认定为走得比较近的好朋友，公开要求他们在学习上互相帮助，甚至把他们安排为同桌，让他们的接触公开化，避免同学之间的议论，减轻当事人的压力。

与此同时，邹显惠还召开主题班会，公开讨论"早恋"等问题，让同学们讨论利弊得失，自己说服自己，期待明天、规划未来。就这样，邹显惠不动声色地把感情问题转化到互相学习、建设班集体等事务中来。

正如邹显惠说的那样："真心和关心是装不出来的。"尊重为爱的表达打下了平等的基础。在这样的尊重下，爱不再是一种控制、一种侵犯，而是一种春风化雨的熏陶与润泽。

邹显惠甚至把这种尊重上升为原则。她规定自己任何情况下都不骂学生，不因学生的个人错误惩罚全班学生。而且，邹显惠还创造性地想出一些巧妙的办法，诱导学生主动营造平等、尊重、真诚的氛围，进行自我教育。

比如，为了尽快提高整体素质、建立健全人格、整肃班风班纪，每一次接班后，她不是忙着提高学习成绩，而是要求学生从最简单的行为规范做起，对着装、坐姿、站姿，甚至对打扫卫生、处理垃圾、剪指甲、削铅笔、摆放书本等杂务，都有具体的要求。

这样的细节约束，难免让学生感觉不适应。她就和大家商议达成一项协议——师生之间互相纠错。也就是说，学生要遵守她制订的规范；如果她违反了这些规范，学生也可以立即指出来。

为了让学生感受到可以指出老师错误的"平等"，邹显惠会偷偷地有意犯错，比如，在讲课时讲错许多人知道的知识点、摆放书本时违规等。她的每一次违规都会被学生快速地指出，而她也乐呵呵地立刻接受。学生开心，她也开心。就这样，学生在纠正老师的错误的同时，潜移默化地纠正了自己的错误，并且认可、支持着的工作。

当然，邹显惠也有犯错的时候。有一次，她对一件事没有调查清楚，就批评了当事人，那个学生理直气壮地为自己申辩。很快，邹显惠发现的确是自己的错误，她马上找到那个学生，向他道歉。那个学生态度很好，说："没关系，人人都会犯错。"这样简单的一句话，让邹显惠深受感动。因为"人人都会犯错"正是她希望学生接纳的观点。她希望这些在传统眼光下被贴上"差生"标签的孩子能够意识到，只要改正错误，一切都来得及。

因此，邹显惠会"火眼金睛"地发现学生取得的点滴进步，不遗余力地表示赞扬。她从不对学生父母公布学生考试的排名，却强调学生得了多少表扬。她还在办公室准备了一抽屉糖果，哪一个学生哪怕有一点点儿进步，她都会及时进行奖励。这看似幼稚的奖赏，传达的却是甜蜜的认可。师生都在这样点滴进步中获得了成长的动力，不断向前。

二　信念锻造奇迹

冰冻三尺非一日之寒，"双差班"的出现也非一日、一人之过。然而一个学生被贴上"差生"的标签容易，摘下这个标签却非常难。

邹显惠之所以能够创造奇迹，其本质在于：相信学生，相信自己。

这两个"相信"，说易，行难。

"相信学生"这一点，最难。邹显惠遇到的一些学生，简直让人没法相信他们还能够成为大家眼里的好孩子。

比如小伟，他是全校闻名的"大人物"。他长相帅气，人很聪明，但在学习上，除了语文，其他学科都不及格，甚至有的科目还经常考零分。

很多老师对他久教无效，头痛不已，只能退而求其次，希望他能够安分守己，不捣乱。偏偏把教室搞得天翻地覆是小伟的拿手好戏。有一天，老师正在上数学课，全班同学都安静地听着，突然一个女生发出了一声歇斯底里的尖叫，随之就是语无伦次地狂喊："蛇！蛇！蛇！"

只见一条一米左右长的青蛇，正在教室中央悠哉悠哉地爬动。全班顿时大乱。

数学老师在讲台上震惊万分，一时间呆住了。所有同学都慌忙逃离座位。在门口附近的，匆忙跑出了教室，气喘吁吁地跑出老远；被蛇拦住出路的，缩在墙角，无比惊恐地紧盯着青蛇的行踪。混乱之中，罪魁祸首小伟纹丝不动。他表情平静，甚至喜滋滋地坐在座位上……

又如小根，抽烟、赌博、喝酒、旷课对他而言是家常便饭。有一段时间，他总是提不起精神来，哈欠一个接一个，打起来没完。他的学习成绩本来就不怎么样，现在干脆直线下降到全班倒数第一。

难道是平时休息不好，没睡够？难道是家里发生了什么矛盾？都不是。有抽烟习惯的小根，长期和社会上不三不四的人混在一起……

小伟和小根这样的孩子，是邹显惠常遇到的学生。

有的"差生"是"破罐子破摔型"，他们认为一切为时已晚，成天只讲吃、喝、穿、玩、追星，通宵沉浸在网吧里，只为完成父母之命，混完初中；有的"差生"是"小霸王型"，动不动就向父母挥拳头，甚至扬言要杀父母，父母根本不敢管；有的"差生"是"心灵受伤型"，这些孩子身处父母长期不和或者离异的家庭，于是，要么常常外出不归、滋事打架，性格外向但偏执，喜好暴力，要么极端孤僻、冷漠，不爱学习、不求上进……

相信学生，意味着对所有学生都不绝望，不抛弃，不放弃。

越是表现不佳的学生，邹显惠越是沉得住气。无数次的家访、谈心，不厌其烦地一次又一次地进行沟通、疏导……永远为这些学生敞开心门，已经成为邹显惠的准则。

是这样的相信，让邹显惠看见了一朵又一朵虚弱的生命之花，在她的眼前悄然绽放。

小伟的最后一次离家出走，本来是准备去参加社会上小流氓组织的一次行动，幸好被邹显惠及时发现，由小伟的父母把他带回了家。几个小时后，他的"同伙"被抓获，后来被判了6年有期徒刑。

得知这个消息后，小伟惊呆了。随后，他第一次向邹显惠袒露心扉："老师，我也想做一个好学生。我也想像班长范义那样，学习好、品德好、行为好，可是我无法做到。每当我下定决心要好好改正时，又有许多好玩的东西诱惑我，比如，电脑游戏、街舞、朋友的召唤……所有人都有一个共同的想法，不论这个人有多么坏，他也想做个好人。我又何尝不羡慕那些好学生呢？我也知道自己的缺点，以前总是骗老师、骗家长、骗自己，这次如果不是大家的帮助，我想我已经走上了犯罪的道路。邹老师，我知道你对我很好，我也好想立刻就变成一个Good

Boy，让大家都喜欢我。"

后来，小伟顺利通过中考，被旅游职业高中录取。

至于小根，邹显惠通过调查和家访发现，他的"病根"在家庭。小根的父母离异多年，他和父亲一起生活，与继母总是格格不入，一不高兴就往生母家里跑。生母离婚后未嫁，自己经营着一家茶铺，小根就是在这个茶铺里学会了吸烟，结交了"社会上"的朋友。小根的父亲知道情况后也是无可奈何，说他们已经为了小根吵闹过很多次。

面对这样复杂的局面，邹显惠不仅没有放弃，反而更加努力。她找小根生母谈话，要求她不准再给小根零花钱；找小根继母沟通，请继母每天接送小根；和小根更是反复交流，让他懂得父亲、继母、生母对他的爱。一个多月后，小根不再抽烟了。尽管他后来因花钱受到控制又开始打牌赌钱，甚至偷钱、旷课、流浪……但邹显惠仍然和小根的家人紧密配合，不放弃小根。最终，小根戒除了这些恶习，把精力投入学习中，最终不仅完成了学业，还于2001年参军，成为一名光荣的武警战士。进入部队后，他5次给邹显惠写来长信，并寄来他身着军装的照片。在信里，他真诚地感激学校和老师："在学校时，没有您当初的耐心教育，我今天就不可能穿上这一身橄榄绿的军装。""您的学生已经长大了，成熟了，请您放心。"2002年教师节，小根还特意来信祝全校老师节日快乐，并请求邹显惠把他的信读给学弟学妹们听，希望他们能以他为镜，更好地成长。

对于这样的请求，邹显惠当然是立刻满足。在这封信中，小根描述了自己曾经做过的错事、走过的弯路，真诚、感人。在信的结尾，他又深情地劝说:"同学们,要珍惜读书的好机会,不要像我那样错过读书的好时光,现在进入社会连写份申请、体会、总结、家信都感觉吃力。你们一定要好好学习,做一个对社会有用的人!"

当邹显惠的声音、小根的心声在教室里回响时,现场一片寂静,气氛严肃。有的学生大睁双眼、目不转睛地盯着邹显惠;有的学生盯着某处,满脸严肃,若有所思;而那几个特别调皮的学生,也都停止了小动作,埋着头,苦思冥想……因为,这个班级也是当年全校最差的班级,而来自昔日"差生"的信,比任何名人名言、真理警句都更有效,狠狠地拨动了大家的心弦。所有的孩子都受到了一次最真实也最震撼的教育。

小根的来信,如同一石激起千层浪,自从读过他的信后,班风、学风大有好转,学生学习的热情与日俱增。邹显惠敏锐地发现了这种变化,趁热打铁,不断进行启发、引导。渐渐地,同学们从过去的被老师、父母苦苦劝学,转变为自发自觉地主动要求学习。到了期末,同学们的考试成绩大幅提高,班级合格率由原来的18%提高到72%,"差生"变成优生,"差班"变成全校优秀班集体、全区优秀班集体……

这种奇迹般的转变,由何而来?

最基础、最本质的一点,在于邹显惠无条件地相信学生。

邹显惠坚定地相信每个学生都是好孩子。他们之所以会变为"差生",只是他们的优点因为种种原因被埋没、被遮蔽,甚至被扼杀。她相信善与美的种子一直都埋藏于学生的心灵深处,特别需要理解、信任的浇灌。只有精神上的爱护和信任、行为和学习上的帮助和指导,才能帮助这些学生真正树立起自信心，让他们最终从灰暗的角落中走出来。

邹显惠也相信自己。她不急不躁，用宽容给予学生充足的时间，让学生认识、改正，慢慢觉悟。她坚信只要经过一段时间的努力，每个孩子都能取得进步，每个孩子都能成为有用的人。或许这些学生因为前面的欠缺，导致所学的知识一时之间并不能全部补习好，但是有了做人的根基与方向，有更多的知识可以在漫长的岁月中边做边学。

有了信念，才会坚持。邹显惠在班级管理中，坚持着以下几件事。

第一，写日记。邹显惠的日记是班级重大事件的记录本。每次有重要的事情发生，她都会记录下自己的感受。

比如2007年9月18日，邹显惠的日记中记下了这样一件事：

我从下午第四节课开始一直到17:10都在参加学校的会议。接着，校长又单独给我和另外几位老师开会，直到18:45。散会时，各班都已经放学了。我当时想着，自己班上的学生一直在自习，肯定也早已散去。但是，当我习惯性地走回教室时，万万没想到，全班同学都在安静地自习，等着我回来。

邹显惠感动极了。她在当天的日记里写下《自觉性》一文，感慨地说："学生的自觉性还是很好的。经过两周的接触了解，我发现大部分学生不甘落后、愿意学习，也希望老师、学校了解他们的心情，重视他们，多关心他们，让他们有能力、有潜力追赶上学习进度。自觉上自习，等着我放学，你们感动了我，我的孩子们！漫长的自习课从16:40

直到18:45，你们都坚持下来了，课堂40分钟还坐不下来吗？我相信你们一定能学好、做好！努力，加油！"

邹显惠不断地记录着，用日记鼓舞自己，用日记深入反思，只要把握住教育中的一个个关键点，就及时把教育推向深处。

第二，写周记。邹显惠深知，要对学生倾注爱心和感情，重要的并不是物质上的施舍，而是精神需求上的满足。一旦赢得学生们的认可，她就要求每个学生写周记，与自己深入交流。

有一个叫文静的女孩，她的爸爸意外去世，她通过周记告诉了邹显惠这件事，说了自己常常半夜做梦哭醒的感受。为了尽快激起她对生活的热爱、对未来的憧憬，邹显惠召集班委们为文静举办了生日会。在文静生日的前一天，他们用班费买生日礼品、蛋糕，布置教室。生日当天的晚自习时，教室挂满了五颜六色的气球，被遮住的大黑板揭开后，上面写着"祝文静同学生日快乐"的彩色大字，全班同学唱了生日歌，送了生日礼品，文静激动得哭了。文静把这一幕记到了周记里，她的母亲也到学校再三表示感谢。从那以后，文静从失去父亲的阴影中走了出来。邹显惠又请她担任班长，她对学习越来越有信心，对生活也充满激情。

这样的周记写作，一是训练了学生们的书写能力，二是能让邹显惠把握学生们的思想动态。邹显惠不仅认真阅读周记，及时批注自己的想法与学生交流，而且会约有困惑的学生谈心，为他们答疑解惑，进行心理疏导，帮助他们尽快振作起来。

第三，制作"行为习惯考评表"。管理好一个班级和管理好一所学校没有本质区别，大事小事十分繁杂。好记性不如烂笔头，邹显惠索性设计了一张表格，每个月一张，上面记录着所有学生一个月中每一天的情况。

在这张表上，普通的学生分为表扬、违纪、其他三栏；班上越难管理的学生，分类就越详细，如迟到、点名、旷课、睡觉、说话、看课外书、作业、脏话、打架、校牌、服装、染头发、手机、吃东西、不做清洁、留跑、做操、午休、吸烟、倒饭菜、撒谎、病假、扣分、检讨、表扬、损坏公物、顶撞老师等。一旦发生了任何情况，邹显惠都会及时在考评表里记录下来。

这样的每天记录，形成了一个学生的"在校表现图"。一旦学生的表现发生明显变化，邹显惠就会立刻有所行动，要么谈心，要么家访，要么向周围人询问，等等。邹显惠及时了解情况，因势利导。

有了这样的记录，其他各项工作也有了依据。有一次邹显惠找一个调皮的男生交流，她拿出"行为习惯考评表"指出："你有12次没有完成作业……"

男生耍赖，无辜地睁大眼睛："老师，我做了呢！每次都交给科代表了，不信检查吧！"邹显惠没有去检查，而是在当晚的日记里记下了这段对话，她说："他是一个永远都长不大的高个子孩子。"

第四，坚持开展主题特色班会。邹显惠的习惯是，如果班上发生问题，就随时召开班会，大家一起分析问题、解决问题；每周班会的形式、内容丰富多彩，有教缝补衣服、缝制纽扣的班会，让学生学会为家长分忧；有教手工的班会，如扎花、折花、绣花，让学生找到动手的乐趣和学习的自信。同时，邹显惠在需要学生父母参与的班会上，以正面引导为主，即使反映学生问题，也是以关心、建议、积极疏导为主。

正是在这样的信念引领下，邹显惠相信孩子、相信自己，最终让教育迸发了巨大的力量。这些年来，无数学生父母给邹显惠写来了信件，表达自己的感激之情："我感谢邹显惠对我孩子的关心和支持。现在她回家后心情好多了，能看到脸上的笑容，有时和妈妈谈心时都很高兴。""拿起笔来想对邹显惠说的第一句是感谢，第二句也是感谢。这是我作为周裴的妈妈发自内心的一句话，真心！诚心！"……

帮助"问题"孩子成长，必须引导孩子的父母一起成长，让他们改变家庭教育的方法。结果让邹显惠自己也没想到，她竟然使好几对离婚的学生父母复婚了。

这一切都源自一种简单的、纯朴的、纯粹的、真诚的，也是根深蒂固的对学生、对自己的信任。这，其实也就是对教育的信念。正因如此，邹显惠才能从容地、平静地面对任何一个学生，才能成功地帮助一个又一个、一批又一批的学生完成生命的转向。

三 发掘知识魅力

"先教学生做人，再教学生知识"是邹显惠的口头禅。"再教学生知识"也是邹显惠的法宝。

在班主任的角色外，邹显惠还是一位优秀的物理老师。她知道，只有让学生从学习中找到乐趣，他们才会对学习有兴趣；只有让学生在学习中成功挑战自我，他们才会有成就感，才会真正爱上学习。

因此，作为物理老师的邹显惠，尽力让自己的课堂变得富有吸引力。在课堂上，她想方设法地开展所有能进行的实验，尽量让知识在学生的动手过程中变得灵动。在课外，她欢迎所有来访的学生随时探究物理问题。在考试后，邹显惠也千方百计地呵护学生的兴趣，把简单的试卷讲评变成"一百分的分析"。学生看到试卷后，分析自己哪些地方有收获、哪些地方还存在不足，只要说对了，她就把分数全都加上去，这种做法激发了学生的学习热情。

尽管这些年来一直带"差班"，但邹显惠所教的物理学科学生成绩屡获学校第一名、全区第一名，她指导的几十位学生参加全国初中物理竞赛获省、市一、二等奖。

当然，作为班主任，她除了自己的本学科工作，还特别注意发现学生在其他学科的爱好与特长，并积极与学科老师联络，让热爱学习的学生成为带动班级进步的正能量。

考试是对知识掌握情况的考查，考分一出，总会几家欢乐几家愁，低分往往会挫伤成绩不好的学生对学习的兴趣。在这一点上，邹显惠特别注意，并研究出了一系列的办法，力图发掘知识的魅力，淡化考试带来的挫伤。她在整个教育过程中主抓习惯养成，只将学习成绩作为学生努力的参考因素。她强调由学生根据自己的实际情况自主制订学习目标，坚决不由老师设立脱离实际的拔高的学习目标。比如，有的学生数学考了31分，如果之前自订的目标是30分，那么也算完成了目标，也会得到表扬。一旦学生有了进步，成绩排在班级前30名内，邹显惠就会发奖状告知学生父母……邹显惠采取的一系列办法都是为了调动学生的学习积极性。学生如此一步步地坚持到毕业，就会顺理成章地实现学习目标。

有一个曾经被称为"差生"的孩子，写下了《我们正在进步》的周记，其中写道："刚进初中的时候，懵懂的我们是如此的不懂事。我们忽视学校纪律，只知道调皮捣蛋，随心所欲。我们的学习成绩是全年级倒数第一，流动红旗从来与我们班无缘，我们是'在批评中成长的班级'。我们自傲、自卑、茫然，缺乏自信。是我们的班主任邹显惠老师温暖了我们的心田，她从教我们怎样削铅笔做起，教会我们怎样做事、怎样做人。一个学期下来，我们脱胎换骨：学习成绩居年级前茅，流动红旗在我们班留而不走。我们成了学校的先进班级，被评为'校文明班级''武侯区先进班集体'。我们以实际行动和成绩证明我们正在进步。而今，在班主任邹显惠老师的带领下，我们班是一个团结友爱、奋发向上的班集体。在这个大家庭里，同学相互帮助共同进步，成为学校的先进班级，被评为'校优秀班集体'。我为能成为这个班级中的一员而感到自豪！"

人们眼里的"差班"，变好了；大家嘴里的"死班"，带活了。在赢得众多赞誉的时候，邹显惠却没有任何自傲。她还是一如既往地工作，那满脸的喜悦，既献给了学生们，也留给了同事们。很多年轻教师感慨于她的谦和，甚至不解她的付出：为什么要一直带"差班"？

邹显惠一直记得1994年接的一个班。那是从初二开始接手的一个班，她担任班主任。在她教了一年之后，这个班的总成绩平均达到97

分以上，在全区名列第一；体育方面，他们班也作为学校代表参加区运动会，拿到团体总分第一名的成绩。

这个班到了初三，大有希望在中考拿到好成绩，这时，邹显惠接到通知，被分到一个"差班"当班主任。那个初三班的学生家长嚷嚷着要去校长家门口下跪，把她留下来。她连忙劝阻了学生家长。

邹显惠说："当'差班'班主任，让我有幸福感，也让我有无力感。付出十倍的辛劳，效果还不如'优生'一半的成效，反复性很大，工作特别辛苦。可是，有没有理解我的人呢？有。领导、学生、学生家长都能理解。他们的问候和祝福，他们渴望和信任的眼神，会让我的烦恼与不快烟消云散。我知道，越是这样的学生，越需要老师的帮助和指导，以树立正确的人生观和价值观。他们需要我。"

就这样，在不知不觉中，邹显惠也习惯了带最难带的班，取得最难以取得也最动人的成绩。即便如此，没有好学历，却有好"学力"的她，仍然在专业上孜孜不倦地前行。2006 年 9 月，武侯实验中学加入新教育实验，邹显惠向校长递交了一封信，信中写道："我连续 17 年奋战在初三年级，也连续 17 年接任初三'差班'（或初职班）的班主任工作……'过一种幸福完整的教育生活'激起了我对新教育改革的积极参与和研究的热情……我现在决心参加新教育实验，但希望您不要嫌我年龄大了。"

写这封信的时候，邹显惠 51 岁。"51 岁"在她的字典里并不意味着还有 4 年就退休，而是意味着还有 4 个"差班"的孩子等着她用更多的智慧哺育。

就这样，教书一辈子，带了22个"差班"，邹显惠给每个班级都带去了希望的春天，为每个孩子都点燃了心中的火焰。对于那些让许多老师都唯恐避之不及的孩子，她由衷地感慨道："我深感他们是一群有灵性、有个性、有独立思想的人，他们更想得到别人的理解、信任，得到老师的关注、关爱。几十年的教育教学让我深深地感受到，孩子们的心灵真美，童心可塑。我无怨无悔。"

这是一位老师最朴素的表白，也是学生心目中最动听的心声。青春期的孩子桀骜不驯，有许多感动的话语常常会以另类的方式倾诉。但是，对于邹显惠，学生们有一句话，在以各种方式呈现——我们有一位伟大的班主任！

怀源为怀远

个体阅读，从窗户看见远方

一片大海，并不知道自己最初萌生自哪一条小溪。所有的精神，都需要细致地探索，才能寻根溯源。无数源头之中，只有通过科学的研究，才能归纳出科学的规律。

如今在阅读的研究和探索上已经独树一帜的李怀源，说到自己童年时期的阅读，仍然会和很多人一样，下意识地说自己并没有读什么书。但事实上，有赖于那个时代电视还未普及，有赖于父亲是一位民办教师，和今天的孩子相比，他的童年浸润在三种读物里。

第一种是小人书。他读了极多的小人书，到现在还有一个珍贵的小箱子，收藏着当年的一部分小人书。第二种是有声书——通过电台听评书。《三国演义》《隋唐演义》《岳飞传》等长篇评书，他都是从收音机中听完的。他至今还记得电池没电时，收音机的声音越来越小，他和哥哥的脑袋就朝着收音机越凑越近……第三种是文字书。这也是李怀源认为自己没读多少书的原因：真正认真阅读的文字书，在他记忆之中只有两本。一本是他用五毛钱买的图画版《成语故事》。他反复阅读，直到把黑色的封面翻得破破烂烂，现在他仍记得封面上"杀鸡取卵"等成语的图画。另一本是哥哥的《水浒传》。可惜他没读一段时间就被哥哥发现了，只读了半本。

进入师范学校之后，和许多舞文弄墨的同龄人一样，李怀源也梦想成为作家。《演讲与口才》《小小说》《诗刊》《读者》等杂志成为他的精神朋友，每个月如期来到他的身边。他也成为图书馆、阅览室的常客，不仅痴迷阅读，还积极地抄写、积累。

他还记得，第一次在学校阅览室里读到"汗颜"这个词时，自己并不知道这个词是什么意思，也没有想到要去查字典。在后来的持续阅读中，"汗颜"一次次地出现，结合着上下文，他突然明白过来。这时他再去查字典，果然正是自己理解的意思。谜底揭晓的那一刻，他又是喜悦，又是"汗颜"，这种心情让他至今记忆犹新。

这种毫无外界压力、满怀喜悦地遨游书海的经历，给李怀源留下了深刻的印象。阅读不仅成为他生活的一部分，更是他享受生活的一种方式。

1992年师范学校毕业后，李怀源进入德州市湖滨北路小学，成为一名教师。因为亲身感受过书籍带给自己的愉悦，他也很乐于把这种喜悦传播给孩子们。尽管他教的是六年级历史和五年级地理，但无论课内课外，他都乐于把自己阅读的内容讲述给大家听，时常把课堂变成一个大孩子和一群小孩子阅读交流的空间。

阅读教学，从践行走向远方

上班一年后，李怀源开始教语文并担任班主任，他的文学积累正式有了用武之地。无论是他最为青睐的作家林语堂，还是唐诗宋词元曲，还是自己收藏的《中国散文大系》等，他所读的书，都成为课堂上的源头活水。他以读书和日记为两大支柱，把自己的阅读和学生的阅读交融在一起，把活学和活用融会为一体，和孩子们一起比赛背诵、比赛应用。他的亲自参与，激发了孩子们强烈的兴趣，孩子们爱上了他的语文课，他的语文教学也取得了可喜的成绩。

1998年，李怀源参加了在山东龙口举办的"大量读写，双轨并行"研讨活动，他被学生的精彩展示深深地触动和吸引了。他结合自己的经验，进一步归纳和总结，由此开始了有意识地阅读积累、教学实践的探索之路。

就这样，从1992年到2002年，十年时间转瞬即逝，李怀源也从一位懵懵懂懂的阅读爱好者成长为一位有意识地运用阅读开展教学工作的教师。2002年4月，他参加山东省小学语文优质课比赛，荣获二等奖。这是德州市小学语文教师获得的第一个省教学大赛二等奖，含金量自不待言，但李怀源并不满足——为什么不是一等奖呢？他为此写了10篇教学反思。也就是在这样的反思过程中，他突然发现自己的人生道路已经一眼看到头了，接下去，无非就是继续努力，获一等奖，努力当主任、当副校长，直到有一天成为一名校长……这是自己想要的人生吗？

李怀源重新选择了一条道路——进入德州跃华学校。新学期开始，他从当时所在的公办名校，走进了这所新建的民办学校，并担任小学部教科研主任。他希望自己的教育探索，能够在不同的机制下发掘新的空间。

新学校，新环境，新阅读——李怀源开始要求：每班每周开设2节阅读课，作为固定课时。全校小学生分为三组，到学校阅览室开展自由阅读课。

开始时，他的这一做法遭到了一些老师的反对，许多老师担心这样会浪费课时，无法保障学习效果。但是，没过多长时间，老师们就发现，手抄报、日记等都体现出阅读带给孩子们的飞快成长。

陈旧的阅读理念被现实刷新，持不支持态度的老师思想也发生了转变，从开始的被迫执行这一规章制度，到后来的主动配合。到了阅读课时间，学校图书馆的三间大阅览室全部满员，坐满了沉浸在阅读中的孩子。这一幕，让李怀源百看不厌、心花怒放。

经过三年的全面推行，2005年12月，在李怀源的策划组织下，一次特别的阅读活动正式亮相：李怀源的"亲爱的汉修先生"阅读课、蒋军晶的"草房子"阅读课和著名阅读推广人萝卜探长、著名作家王一梅等的讲座，把"班级读书会"这种阅读形式有力地推到了人们的面前。著名儿童阅读推广人王林笑称，这是打响了中国儿童文学在班级读书会上的第一枪。

一发而不可收。2008年5月，李怀源举办了"阅读策略研究——儿童阅读与小学语文教学"研讨会。在会上，他推出了自己研究多年的"单元整体教学"，赢得了崔峦等专家的普遍认可。

2009年11月，李怀源又组织策划了首届"跃华教育论坛暨小学语文读·写策略"研讨会。这次研讨会全面展示了小学语文单元整体教学研究的成果，得到了朱永新等学者的赞誉。

2012年5月，李怀源在小学单元整体课程发布暨阅读课程实施高端论坛上又更进一步，把"单元整体教学"改进为"单元整体课程"，把前者的单一学科，拓展为后者的全部学科。他所推崇的"单元整体课程"突破了一般意义上的教科书式的教学，强调在自由阅读背景下的学科整合。他从时间的经度、学科的纬度上，对阅读教学进行了重新梳理。这样的学科整合建立在阅读的基础之上，从重视教师教学转变为重视学生自学，一时之间吸引了海内外参会者的目光。

事实证明，李怀源的选择没有错。从2002年到2014年，这所民办学校从一所新建校变成备受认可的名校。这片土地上洒满了李怀源的汗水，这些汗水也为李怀源浇灌出了沉甸甸的果实。

李怀源在公立学校担任班主任的10年里，不断遇到各种各样琐碎又迫在眉睫的问题，促使他不断地思考：教育到底是什么？如何才能做好教育？那时的他，没有多少时间真正深入探索语文教学。

在民办学校的12年里，他终于可以全力以赴地投入教育研究，细致地把自己的教育理念贯彻落实到具体的每一位教师、每一堂课、每一个学生身上。

他的职务从教科研主任升为学部主任、小学部校长、学校副校长，最后还兼任学校评估中心主任……就在李怀源的前途在人们眼中充满光明时，他在2014年再一次选择了转身，走向了又一个远方——北京。

李怀源的这一次重新选择，一方面是为自己的孩子争取更好的学习条件；更重要的是，李怀源的心中始终存在着一个目标——教育的远方。

李怀源从没有让自己的心灵被任何职务吸引与束缚。他想要去的远方，是教育的远方，其本身就意味着不断探索。一旦环境无法给他提供成长的力量，他就会努力为自己创造一个环境。民办学校的优势，已经为他的12年成长提供了充分的营养。与此同时，民办学校的劣势，也越来越凸显：资金、设备、师资、家长的期待等都是无形的枷锁，对李怀源已经达到一定高度的教育探索存在着无形的限制。而这一切，对清华大学附属小学而言，都不是问题。

走进职业生涯的第三所学校，最让李怀源欣喜的是，自己从传播者变成了学习者。在以前的学校里，他更多的是一个"二传手"的角色，需要向四面八方学习，再把收获传播给学校里的同事。这样的做法让他收获很多，也给了他很大的压力。到了清华大学附属小学，他身边的同事都是在教育上有着独立思想、个人主张、个性行动的老师。与这样一群老师朝夕相处，他如鱼得水。

整合阅读，从精神拥有远方

对于阅读研究，李怀源异常清醒而坚定。迄今他都将自己的研究领域专注于一点：学校阅读。他认为，学校阅读和社会阅读、家庭阅读都不一样，学校阅读必须在有限的时间内教会孩子应该掌握的技能，因此必须有清晰的任务。

在李怀源看来，在学校教育中，把阅读工作视为推荐书目和逐本导读，能够起到一定的作用，但是不能真正深刻地影响孩子。长远来看，这种学校阅读对孩子的影响甚微。

从2009年到2014年，他针对教科书的每一个单元都推荐一本书、整合一个活动，对照着构建起一个阅读体系，从阅读的目标、内容、实施、评价四个方面，对学校阅读进行了体系化、课程化的全面整合。这就意味着孩子可以从学校阅读中得到更为深远和持久的影响，意味着教师可以在阅读教学中，更加清晰、简便地实现教学目标。

新的选择并不意味着对过往的彻底否定。站在清华大学附属小学的平台上，视野更为广阔的李怀源回望过去蓦然发现，当年在祖国的一隅，他已经在阅读之路上走了很远，自己当年对推进学校阅读所做的探索，需要在新的学校做进一步的推行。

从2014年开始，李怀源在阅读研究探索中又向前迈了一步：从以前的"设计老师教"，变为现在的"设计学生学"；未来，他还希望能够"让学生设计学"。从研究重心上，可以鲜明地看出他从重学科到重学习，再到重学生的进步。他以新的思考为起点，再一次重整以前的探索成果，对学校阅读研究进一步修订完善。李怀源认为："所有学科的学习，归根结底无非学科思维和学科表达。一个喜爱文学的思维和表达和一个喜爱数学的思维和表达，应该是不一样的。"

谈到接下来的学校阅读研究，李怀源更是滔滔不绝："学校其实就是两门课程，一门是阅读课程，另一门是实践课程。接下来，我希望做成一个融合课程，能够把阅读和实践相结合。"

他希望找到36~64本图书，从同样内容中解析出不同的学科思维，建立起小学的全学科综合阅读体系，从而使教师和学生减轻压力、降低负担、提升学习效果。在学校教育期间，能够充分让阅读最优化、学习最优化；同时，把更大的功夫放到实践上：以阅读为基础开展实践，或者在实践中为需求而阅读，或者阅读和实践互相促进……"在这样的实践过程中，让阅读成就美好生活。它不仅是完善精神的方法，也会让日常学习、工作得心应手。"每当李怀源谈到理想中的学校阅读时，就会两眼发光。

在对学校阅读的深入研究方面，李怀源的影响力从校内扩散到校外。在知名阅读研究机构——新阅读研究所开展的"中小学学科阅读书目"研究中，李怀源接受了新教育实验发起人、书目总主持人朱永新老师的邀请，主持开展小学语文学科阅读书目的研究工作。

远方，是梦想的代名词。所有人都向往远方，但并不是每个人都能真正走向远方，更不是每个人都能拥有远方。因为，有太多人向往远方，却不舍得放弃。对于远方而言，金银珠宝都是包袱。随身携带太多的物品是走不远的。

对于李怀源来说，远方的抵达，却是如此的轻而易举。三次远行，每一次都只是一个转身，就看见了全新的人生图景。

能够如此举重若轻，或许跟与李怀源神交已久的一个人有关，那就是他最喜爱的作家——林语堂。

幽默、智慧、执着、魅力、率真，是李怀源从林语堂身上总结的几个关键词。林语堂为了发明中文打字机几乎倾家荡产,这样的执着让人感佩;林语堂在70多岁病魔缠身之时,听说初恋女友在厦门,还高兴地说"我要去看她",这样的真性情让人喜爱……说起林语堂,李怀源就像在说自己的多年老友:"林语堂特别接近我,或者说,我特别接近他。"

物理的远方,需要更多的条件才能到达,有时可望不可即。但是,精神的远方,一旦有了正确的精神之友作为标杆,远与近,就成了转念之间。正是这样精神上的富足,让李怀源的追寻之路少了物质的羁绊,名利成为额外的奖赏,才让他的追寻变得游刃有余。

从在乡村里紧贴着柜子听收音机的孩子,到意气风发地和学生比赛背诵古诗词的年轻人,到在民办学校锐意进取的改革者,再到今天这个智慧执着的探索者,李怀源如一条大河,不停地奔涌向前。李怀源不断地向着远方走去,在许多老师的心目中,他的身影已经成为远方的风景。

在乡间创造教育的诗意

和董艳相识，是在2015年8月。

当时，我带领团队在山东日照举办"新教育种子计划公益项目"的教师培训。我们在会议上设置了一个环节，鼓励参会的老师报名上课，现场研讨，董艳就是报名者之一。以一堂公开课的标准而言，董艳的课程可以说是彻底的失败——董艳把一堂课讲了一个小时。在场的几百位老师无不瞠目结舌。可是，董艳不仅从容地上完课，还当场表示，希望拜我们的新教育首席培训师、新阅读研究所常务副所长郭明晓为师。正是这样的董艳，赢得了我们团队的一致认可：勇于挑战自我者，无论起点如何，都必然得到最快的成长。郭明晓当场表示愿意收下这个徒弟。

可能在其他很多人看来，所谓徒弟，多一个不多，少一个不少。但是，在我们团队看来，徒弟，绝不只是一个称谓而已。

自此之后，董艳自然而然地成为我们重点关注的对象。从新教育种子计划公益项目的内部学习到对外交流的各类活动，我们都会自然而然地想到董艳。尤其是第二年在安徽合肥举办的"新教育晨诵"新书发布会，董艳又挑起了大梁。

耗时17年才推出的"新教育晨诵"系列读本是新教育实验的重点项目，由安徽少年儿童出版社隆重出版。新书发布会于2016年8月在安徽合肥召开，有800位教师参加。

当时，我们需要找两位一线教师到发布会现场作经验叙事，讲述自己的晨诵教学经验。我们选拔良久，在种子教师里选出了两位：一位是王艳老师，另一位则是董艳老师。王艳在江苏省淮安市，来自外地，来自城市；董艳在安徽省户胡镇，来自当地，来自乡村。

越短的演讲，难度越大。在那一场演讲之前，我带领着团队，仅对董艳和王艳的讲稿，就反反复复打磨了十多次。准确地说，我们的打磨不仅是对理论上的梳理归纳，更是对素材的不断取舍。我们必须在反反复复的讨论之后，把许多精彩的细节逐一推敲、放弃，只保留下最扣人心弦的一点，才可能有时间展开讲述。

因此，时至今日，我仍记得董艳最终讲述的，是班上一个被许多学校拒收，也被家人认为有智力障碍的孩子最终心灵苏醒，甚至开始写诗的故事。而这一切，是因为董艳坚持每天单独给她读一分钟的书，是来自爱与诗的浸润。

时隔多年，我仍然清晰地记得这个故事给我带来的感动，可想而知董艳给现场所有人带来的惊艳有多么巨大。当天同时发言的朱永新老师对此也赞不绝口。两年后，董艳参加新教育国际论坛时再一次做此发言，朱永新老师又一次大加赞赏，说时间不那么紧张，董艳讲得更加动人了。

可以说，正是因为有着董艳这样的老师，因为他们带领着孩子活出了诗的模样，我才如此努力地推进"新教育晨诵"的课程研发，推进晨诵项目的整体发展。正是有董艳这样的一线教师，正是他们生命的拔节，才赋予了我无限的力量。

新教育种子计划公益项目已经推进了十多年。在这十多年中，有着成百上千位像董艳一样的老师，正是这样一位又一位的人才，真切地组成了教育最基本的模样。

我资助和推进的新教育研究中，有亲子共读、师生共读、教师阅读、童书电影课、说写课程等许多和晨诵一样的课程。正是这样一个又一个具体的研究，为教师提供了真切可行的"抓手"。

是的，我一直认为教育研究应该立足于教师，而不是立足于教育的效果。近年来我才发现，这可能是我身为专业作家跨界进行教育研究，与其他职业教育研究者的最大不同。我们首先要解放教师，然后才可能解放学生。我们首先要让教师从教育中获得幸福，然后才可能把幸福传递给学生。同时，父母是孩子的第一任教师、终身教师。

董艳飞快成长的秘诀在于她的勇敢，更在于她有意无意间完全遵循了新教育实验教师的成长规律——职业认同、专业阅读、专业写作、专业交往。如今的董艳，不仅独自绽放，还在悄无声息中带起了一个团队：她成为"新教育萤火虫亲子共读"霍邱分站的站长，陪伴她一起行动的，还有尹可伟老师等，他们一起用萤火虫项目的阅读课程，影响、改变着户胡镇，乃至霍邱县、六安市的孩子们。

拔节的董艳，成长的董艳，幸福的董艳，她在几年前就把自己的作品给我看过，邀请我作序，我婉言谢绝了。我历来不愿为人作序，一则自知如董艳这般教师中的佼佼者已经踏上了发展"快车道"，并不需要我来点拨。哪怕我和团队对于董艳的成长的确有着深度影响，但是她成长的力量也必然来自她的内心，来自她身边的校长、同事、家人、朋友。二则我的确杂务太多，我一个人要做文学和教育两件事，时间有限。

但是，当董艳再一次为她的书稿《寄一片情给乡土》来邀请我作序时，我还是恭敬不如从命了。这一次，不仅是她的反复邀请让我惭愧，更重要的是在董艳的字里行间，让我感觉到她是真正在享受着乡村教育的。通过她的文字，通过她的行动，我也享受了一次乡村教育的美好。

我相信，在中国还有许多像董艳这样的老师，正在勤劳而幸福地生活。我特别希望在我推进的教育工作中，能够有更多的像董艳这样的老师走出教室，成为社会中的师者，哪怕在乡间，也能创造出教育的诗意。就像那田间地头的萤火虫，为一线的教育，为身边的人们绽放光芒，带来希望。

兴趣是成长的解忧丸

"教育是四位一体。基础教育是一个孩子从生下来起，家庭教育、社会教育、学校教育作用于自我教育而铺垫下的基础。前三者只是三脚架的腿，能拍到什么样的人生风景，还要看固定在三脚架上的自我教育能提供多大的取景框。"

　　"无论上哪个学校，也无论放榜时多么风光，如果我们的孩子还是拼命在已知世界（考题）里徘徊，他们最终还是为他人（创新者）打工的命……"

　　"吃苦教育不等于挫折教育！有的人吃苦不皱眉，但轻挫玻璃心就泣不成声……他们缺的是失败和挫折的锤炼。"

　　"讲道理的，聪明；听道理的，更聪明！缺讲道理的，更缺听道理的……"

　　这些一针见血、浅显易懂又生动活泼的言论，都出自黄全愈之口。

　　正是这样的文笔与思想，让这位旅美教育学者所著的《素质教育在美国》一书被评为"2000年度非文艺类畅销书"第一名。其后陆续出版的《素质教育在家庭》《玩的教育在美国》《"高考"在美国》《生存教育在美国》等书，从不同角度深入浅出地剖析美国教育，给读者以启发，受到了读者的广泛欢迎。

如今回头来看，作为畅销书作家，又是美国迈阿密大学教授、亚-美研究学科部原主任的黄全愈当然是成功者。

更重要的是，黄全愈的成功，不是功成名就后吃老本的成功，而是一位进取者的成功。他于1988年赴美国讲学，1989年获美国维拉诺瓦大学(Villanova University)"人的组织与管理科学"理学硕士学位，1993年在美国拿下教育管理学哲学博士学位。其后，他不仅致力于高校教学和教育研究，更满怀使命感地奔波于中美两地，倾力推动两国之间的教育和文化交流，尤其是一心盼望以教育助推祖国发展。

如今的人们，通常喜欢把成功的原因归结为外部环境。从黄全愈身上，也的确能够找到这样的外部环境。他的父亲毕业于北京大学西语系，母亲毕业于中山大学历史系，这样的高材生父母把出众的智商等优良基因都遗传给了黄全愈，是很有可能的。

但是，无论是回忆双亲还是回首往事，在黄全愈生命中留下最深烙印的，却不是父母超群的智商，而是父母人格的魅力，是他们的精神力量。

就其父亲而言，是事无巨细的认真。黄全愈的父亲出身于贫苦农民家庭，是家人引以为傲的楷模，可也同样没能逃脱时代大潮的席卷，被打成了右派。他从一位教师变成了一名清洁工，干起了敲钟、刷墙等粗活。这些事，父亲照样做得兢兢业业。

一夜之间，从被人艳羡、受人尊重，变得被人鄙夷、受人打压，这种落差，一个成人都需要足够的智慧才能化解，对孩子产生的冲击就更大了。那时的黄全愈刚刚上小学，家庭的剧变给全家带来的，是一种无法形容又无处不在的压抑。可是，在父亲的引领下，统统变成了内心深处反弹的力量，变成了行动中向上拔节的动力。黄全愈形容自己是在一夜之间懂事的，马上萌发了"要靠自己站立起来"的愿望——我"出身"不好，但我要事事都做得好。

就其母亲而言，是挚爱教育的行动。以母亲的资历，完全可以从事更风光的职业，但她选择成为初中教师。人们好奇原因，而母亲的答案只是淡淡的一句："从事教育就是写历史。"

听到母亲的这句话时，黄全愈年纪尚幼，不知其意。很多年以后，黄全愈才明白过来：一个国家的命运，并不是掌握在执政者的手里，而是掌握在千千万万个父母、教师的手里。

就在当年，黄全愈已经体会到了母亲、体会到了教师、体会到了教育的动人力量。他记得，当时的学生都管母亲叫"妈妈"。而母亲在家访时经常带着黄全愈，让儿子给高度近视的自己当"小拐杖"。只是，对一个孩子而言，家访是很无聊的，时间又很长，黄全愈一次又一次在母亲家访的学生家里睡着，所以返回的时候，往往是妈妈成为孩子的"小背篓"，一次又一次地把黄全愈背回了家。

宛如流水般至柔至刚的力量，成为不可替代的教育，把对美好事物的渴求深深烙在了黄全愈的心上。好好读书，成为黄全愈最大的渴望。

那时那刻，身边的环境和黄全愈的心愿是完全违逆的。到了读初中时，他只能卷着行李去插队。

也就是从那时开始，黄全愈所遭遇到的，都是拉他"沦陷"的环境。而黄全愈既受限于环境，又从环境中一再抽身而出，展开了丰富得简直有些不可思议的人生画卷：从中国的"土插队"到国外的"洋插队"，从开始的打短工到后来的打长工，他这位"老三届"学员，抓锄头，拿榔头，上讲台……与"工农商学兵"全部沾边。

每一种跨越，都是一次对过去的撕裂。把这样大的跨越浓缩在人生里，再聪明的人也得下不少苦功夫。

对于"刻苦"二字，黄全愈的解读和一般人不同。

对于很多人来说，读书是一桩苦差事。可是，当黄全愈去插队时，他随身带着一个小小的宝贝——一枚中学校徽。因为"出身"不好，他不敢告诉别人自己想读书，这枚中学校徽就一直被他偷偷佩戴在口袋内侧，一戴就是三年，守卫着他想读书深造的梦想。当时，他特意不铺被褥，只铺凉席，床上又冷又硬，就是为了提醒自己"不能安睡，你这个人还是要干事情的"。他的床上有一半空间都放着书，有一年妹妹去探望他时帮忙洗凉席，凉席一洗全烂了，只剩下半床书紧靠着蚊帐，他也安之若素。他比其他知青都刻苦，但他不觉得苦。

16岁在农村插队，很多人都觉得能够抽调出去不务农就满足了，回城市当工人就足够了。可是，黄全愈当了工人后还是不满足。别人娱乐，他却还想做些什么。就这样，他一直没有放下读书、继续深造的梦想。有人看见他独自在宿舍看书，非常奇怪："个个都谈恋爱了，你怎么不去啊？"他笑嘻嘻地回答："我也在谈恋爱啊，书中自有黄金屋，书中自有颜如玉。"就是在这时，他写了好几个电影剧本。他比其他工人都刻苦，但他不觉得苦。

1978年恢复高考，很多人都不敢想自己还能考大学、读大学，黄全愈竟然考上了大学。那些懵懂生活的人们大吃一惊，而他只是继续走自己的路。因为，他比其他工人都刻苦，但他不觉得苦。

大学毕业留校当老师，很多人都满足了。黄全愈只靠自学英语，并没有专门深造过，就能够在大学用英语授课。黄全愈想去看一看更大的世界，后来他被破格提拔为讲师，有了机会去美国讲学。他比其他大学同事都刻苦，但他不觉得苦。

很多人出国了，只是镀一层金，最终也只是为了淘金，可黄全愈不同。他在美国顺利找到工作，当上讲师，工作也有声有色，但他发现包括自己在内的很多讲师都没有学位。他觉得，当讲师而没有学位，就像当士兵而没有军衔，那就只是土匪，所以他一边工作，一边继续求学。他于1988年到美国，第二年就拿下硕士学位，接下去一鼓作气，四年后又拿下博士学位。他比其他同事都刻苦，但他不觉得苦。

在美国安居乐业之后，黄全愈有了如意的事业、美满的家庭，本来可以尽情享受人生。此时此刻，他却又当上了"空中飞人"，着了魔一样地奔波于中美两国。就拿2016年暑期来说，他在中国逗留半个月，从回国就开始倒时差，一直倒不过来，他把自己形容为"总是半睡半醒的苦相"，却又乐观地说："半迷糊是最佳创作状态哦。"他本来准备不再倒回时差了，直接熬到美国。结果，等到了美国一下飞机，时差就倒了回来——倒成了中国时间……他比其他教授都刻苦，但他不觉得苦。

正是这样的刻苦，才催生了黄全愈自己也没想到的"十年不可能"：1958年他读小学，万万没想到十年后的1968年会去下乡；1968年他下乡，万万没想到十年后的1978年会上大学；1978年上大学，万万没想到十年后的1988年会出国……

黄全愈一直不觉得自己刻苦，也不觉得自己吃了什么苦。外人则奇怪：他为什么会一直吃苦，还不觉得苦呢？

想来想去，黄全愈给出了一个似是而非的回答："我最大的特点就是我的学习和别人的不一样，我的学习都是有自己主见的。因此，虽然我也刻苦学习，但我好像和大家的刻苦不太一样。我到美国之后通过对比才发现，在国内是学多悟少，在美国是学少悟多。但是，从一开始，我的学习就是后者，是一种学少悟多的学习。"

为此，黄全愈还不惜搬出一件陈年糗事为自己作证。

读大学时，有一次老师要求大家写论说文。黄全愈写完作业，老师看后的评价是有特点，如果论述部分再加强点儿就更好了，打了80多分。当时黄全愈非常不服气：我写得那么好，怎么只有80多分，而且还没有作为范文？要知道范文才是"顶级待遇"，是要印出来供大家读的。

几年过去，黄全愈留校当了老师。有一天他无意中翻出了这篇论说文来看。不看不打紧，一看大吃一惊——按照标准要求，那篇文章根本就不可能及格！原来，黄全愈写这篇论说文时，也是"学少悟多"，没有弄清楚标准，就直接按照自己"悟"的写了。幸运的是，他不仅自己"悟"得多，还遇到了一位保护自己"悟"的老师。

这就是自认少年时除了打弹弓、练字、画画三样事情，其他事事都比同伴强的黄全愈对自己成长道路的归纳。

　　真理总是简单的。主见，意味着从自身兴趣出发，是起点。刻苦，意味着足够强度的专业训练，是过程。不觉苦，只因为兴趣产生乐趣，必然成为挫折、烦恼、困难的解忧丸，由此产生过程中心无旁骛地沉迷。有了这样的努力拼搏，不仅成功是迟早的事实，幸福也是必然的结果。

　　正如黄全愈所呼吁的那样："什么叫素质教育？就是把一个人的潜质发挥到极致。"

翅膀的力量来自每一根羽毛

同样为人，人和人，千差万别；同为课程，课程和课程，也各不相同。

好的课程是一双翅膀，能够让人以精神的力量在现实的高空飞翔。

不好的课程就像一块石头，表面上是为生命奠基，其实耗费了时间、浪费了精力，进行着无效的积累，甚至让生活变得沉甸甸的。

如果说一个好的课程是一双翅膀，那么，组成这个课程的各个部分，就是一根又一根的羽毛了。

《长翅膀的课程》从一个特别的角度——从一群儿童的眼中——让人们看见了翅膀的力量。作为这本书的见证者，我更为感慨的，是幕后那来自每一根羽毛的力量。

首先，最核心的力量，当然来自丽萍老师。

丽萍老师是一位普通而又不普通的老师。说普通，是因为她起点普通，在开展新教育实验之初，她在各方面的积累都和一般的一线教师差不多。说她不普通，是因为她的确具备许多老师并不具备的特质：她真挚地喜爱孩子，把孩子视为平等的伙伴；她踏实地开展课程，把越来越多的人深深地吸引到课程之中；她温和又有韧性地坚持，让一个又一个日子积累成日复一日的水滴石穿……

我还记得在丽萍老师的教室里听课时，她把讲台留给了学生，自己坐在台下，笑得像个孩子。黑亮的眼睛，灿烂的笑容，朴素、真诚又热情的谈吐——这样的丽萍老师，就像一轮小小的太阳，和一群人齐心协力地走过不平凡的六年，创造了向日葵班的故事。

在齐心协力的这群人中，最根本的力量来自新教育实验发起人朱永新老师。

新教育实验是一项特别的行动研究。它以研究促进行动，又以行动推动研究，在致力于整体的理论体系架构之上，具体而细微地深入各个课程。因此，朱永新老师在进行理论研究时，特别注重到一线了解最为原生态的教育实践，并将其作为自己理论研究的源泉。

为了在繁忙的本职工作之余，能够更好地汲取这些更为复杂与鲜活的一手资料，朱永新老师做过很多努力，不仅在参加各种新教育会议时聆听和记录，还走访新教育学校深入调查。还记得在2016年6月，他邀请全国各地的优秀一线新教育老师到北京，围绕新教育做报告研究，组织开展了小型内部叙事会。虽然这个举措因故未能持续，但相关的尝试却一直没有停止过。

向日葵班是朱永新老师深入一线的诸多尝试中的一次成功尝试。在他和首都师范大学附属小学校长宋继东的商议下，诞生了这间以新教育实验为特色的教室。借在北京的地利，朱永新老师在六年间跟踪这间教室，参加了所有的学期庆典和重大活动。后来，他还和丽萍老师结为师徒，更为严格地督促丽萍老师成长。

同为向日葵班的缔造者之一，宋继东校长提供的是最及时的力量。

早在向日葵班诞生之初，宋继东校长做出的决定就让许多人都有些惊讶：当时丽萍老师已经在学校担任了中层管理职务，但宋继东校长撤掉了丽萍老师的职务，让她只担任班主任，完完全全在教室里扎根。

其后，从课程的研发，到课程的开展，再到课程的总结与提升，在这个过程中，仅我所知的诸多故事中就有宋继东校长一直在课程研发时从童心理论上给予点拨，在课程实施中从时间上给予方便，在课程总结时从经费上给予支持，可谓不胜枚举。

宋继东校长的大力支持，让我忍不住当面追问他："如果所有老师都要求得到这样的关照，怎么办？"

我的问题让宋继东校长高兴得大笑："只要有老师愿意像丽萍老师这样工作，我求之不得，全部支持！"宋继东校长告诉我，他对这间教室关注与支持的目的是以一位老师激发更多老师，以一间教室影响更多教室。

宋继东校长的这一招"千金买马骨"颇见成效。正是在这样智慧的努力下，从向日葵班结出的新教育之果已经成为全校的新教育种子，正在向其他班级播撒。

当然，最重要的助力，来自学生父母。

我常常说，孩子像一棵树，根扎在家庭教育之中，枝干长在学校教育之中，成绩只是结出的果实。如何扎根和如何施肥浇水，虽侧重不同，但同样重要。

新教育实验特别强调家校共育的力量，强调教师与父母携手成长。在向日葵班里，所有孩子的成长最后都与父母的力量有关。父母的起点各不相同，不可能每一位父母都以同样的力量支持孩子成长。在这六年中，有许多父母自身也在不断成长，成为老师的助手、孩子的榜样。

还有一种最特殊的力量，来自社会。

比如，我所知道的著名教育专家冉乃彦老师，就与向日葵班保持着长期互动，给予这个班各种支持。

又如，我了解到首都师范大学的团队一直为这所附属小学提供各种各样的智力资源，向日葵班的成长也得益于此。

我最熟悉的社会力量，当然是"新教育种子计划"公益项目。

这是朱永新老师和我在2010年11月29日共同启动的一个公益项目，致力于以长期跟进的方式，为教师成长提供全方位支持。丽萍老师正是新教育种子计划里的一名种子教师。我和她的相识，就缘起自新教育种子计划。

这些年来，新教育种子计划举办了各种网络分享、研讨，在全国各地举行了各种线下培训，这一切，都在为包括丽萍老师在内的所有种子教师，持续提供养分。新教育种子计划"心为火种，生生不息"的精神，也在丽萍老师和诸多种子教师的言行中得到了生动的诠释。

毋庸讳言，在新教育种子计划里，丽萍老师也的确是一个得到更多关注的教师。因为北京的新教育种子教师并不多，新教育种子计划公益项目总部又在北京，在丽萍老师一次又一次的邀请下，我和种子计划导师团的导师伙伴们，如新教育种子计划首席培训师郭明晓、新阅读研究所执行所长李西西等，都成了向日葵班的常客，不仅参加庆典活动，更走进教室、深入课堂，从研讨已有课程到指导新的课程，与向日葵班一路同行。

除了导师团成员，还有许多同为种子教师的伙伴，如"中国好教师"奖获得者西安种子教师胡盈、北京的种子教师杨海荣等人，也都走进了向日葵班，与丽萍老师互相切磋，互相学习。

教育是慢的艺术，教师成长更是如此。在这样的长期跟进中，丽萍老师的成长逐渐加速，团队对她的信任与欣赏也与日俱增。新教育种子计划举办培训活动时，她也成了我们邀请的讲座嘉宾。还记得在河北一个偏远县城举行"新教育晨诵"专题培训时，我们特别邀请她前往，她的讲述真实动人，让一线教师们为之动容。

新教育种子计划的全方位服务，让全国各地许多一线教师受益，丽萍老师也是其中之一。比如，新教育种子计划会指导种子教师写文章，甚至协助优秀种子教师出版专著。丽萍老师已创作的三本书中，有两本书来自新教育种子计划的团队助力。

和许多热爱教育、勤奋耕耘的一线教师一样，丽萍老师积累了大量的精彩教育素材。但是，她的苦恼也和这一类一线教师一样：正因为素材太丰富，才苦于取舍，难以提炼成文。

于是，我们在咖啡馆里，研讨出了《一间小教室，十个大行动》的书名和结构；我们在宾馆里，研讨出了《长翅膀的课程》，逐一回顾列出各个课程名称……接下去，足够丰厚的生活积累让丽萍老师每一次都能游刃有余地完成书稿。旁人难以感同身受，我心却早已深知：从这间向日葵教室窥一斑而见全豹，全国各地千余位种子教师的教室里，绵延的是燎原之火。

小教室，大乾坤。各种合力，给教育无限动力。所有力量，最终汇聚到孩子身上，凝聚为课程的翅膀，带着孩子们飞翔。

归根到底，课程的目标是由外向内地最终实现一个人的自我教育。这一点在向日葵班的孩子们身上表现得非常明显。正是这种源自儿童内心的"我要学""我想学"的力量，让"小向日葵们"在这六年中拔节，取得让所有人惊叹的成绩。更重要的是，向日葵班并不是其中某一位或某几位学生出类拔萃，而是整体都获得了极其显著的成长。显而易见，他们成长的养分，来自高品质的新教育课程。

近年来，在全国、全市与海淀区级以上各类竞赛中，向日葵班40名同学中涌现出30名获奖者，获得市级、国家级奖状及证书56张。丽萍老师的教学研究同样成绩斐然，她的教学论文荣获"北京市基础教育科学研究论文"一等奖。最有趣的是，一次海淀区诗歌朗诵比赛，丽萍老师从接到通知到参赛一共只有四个多小时的准备时间。她抱着学习的心态，硬着头皮带着孩子们参加了这次比赛，没想到拿了全场朗诵类节目最高分。回头再想，这次功夫在诗外的收获，恰恰是全班根据"擦亮每个日子，呵护每个生命"的新教育晨诵课程理念，每天开展新教育晨诵，聚沙成塔的结果。

没有人可以预见未来，但是这些"小向日葵们"分明在创造未来。还记得我在许多场合下读到"小向日葵们"创作的作品，无论是诗歌还是小说，无论是一篇文章还是个人作品集，他们纷纷在自己的署名前加上两个字：中国。我期待并相信，这群由丽萍老师汇聚众望培育的孩子，以及全国各地城市乡村里更多新教育种子计划参与者们正在培育的孩子们，将在广阔的天空继续翱翔，在明天创造出全新的辉煌，同时也创造着祖国美好的明天。

纵然人生仅如纸船

一

忘记了从何时开始，在一系列的新教育萤火虫培训中，晨诵成了一个固定的环节。我们在诗歌里寻找自我，我们也在诗歌里理解他人。

2017年8月6日，"2017新教育萤火虫之夏暨全国第八届新教育种子教师研训营"开幕。六天研修，每个早晨都以诗歌开启。

选择什么诗歌，伙伴们很是费了一番心思。有人提议，干脆全部选用我写的诗歌，理由是我写的诗歌更亲切，读起来更有感情。有人反对："这可不行，尽管我们的确很喜欢童喜喜写的诗歌，可是上一次就连共读童喜喜的儿童文学作品——那是获奖无数、经过市场验证的作品——都有人非议。童喜喜还不是一个诗人呢，我们只晨诵她的诗歌……绝对不行。"

伙伴们背着我的这些讨论，我到事后才知道。我接到的工作安排是：本次活动第一天，诵读一首我写的诗歌，作为对所有与会朋友的欢迎；最后一天，诵读一首我写的诗歌，作为对所有与会朋友的感谢。中间的几天，由领读的伙伴选择自己认为最合适的诗歌。

我至今不知道是谁提议全部晨诵我的诗……只是在得知这两种安排后两害相权取其轻，我欣然接受了两首的任务。

因此，第一天，也就是8月6日，我施展了举一反三的本领，把之前随手写的一首诗《在命运无风的日子里》改了改，并用参会朋友的照片制作了视频。大家从屏幕上看见了自己的照片，果然就忘记了甄别我写的诗是好是坏，顺利过了第一关。

8月8日，由齐家全老师担任晨诵的领读者。诗歌名称印在会议通知上，叫《纸船》。

虽然没有问过，但我估计这首《纸船》应该是泰戈尔的作品。

所以，当一行行文字显示在大屏幕上的时候，我吃了一惊：为什么写着"作者：童喜喜"？

晨诵之后我才知道：伙伴们定义的第一天，不包括开幕式……

看着诗歌的内容，我立刻想了起来：这是四年之前的2013年7月30日，我为网名为"小舟成群"的顾舟群老师写的一首生日诗。

二

往事历历在目，恍然如昨，我记得一清二楚。

2013年7月27日，第二届新教育萤火虫之夏活动在郑州举办，由萤火虫郑州分站承办，郑州萤火虫义工让全国各地的义工们为之震撼。郑州萤火虫分站站长恰好在7月28日过生日，我就给她写了一首生日诗，发在微博上。

顾舟群看见这首诗，对我说："你应该也给我写一首啊。30日就是我的生日呢。"

我毫不犹豫地答应了顾舟群："没问题，你生日那天，我一定为你写一首诗。"

顾舟群是萤火虫苏州分站的站长，对我来说，真是手心手背都是肉呢。

到了30日那天，没想到一整天都事务繁多。我飞速地处理各种事情，心里一直惦记着这件事情。

可是，诗这种东西实在和教育类的文章不同，越是着急，越是找不到点燃激情的那一星火花。

更重要的是，关键时刻，我的那种较真的性格就暴露无遗——我根本无法换一种方式兑现给顾舟群的承诺。

许多新教育老师都把诗歌改编为生日诗，献给孩子们。对于我来说改编一首诗，自然是信手拈来。也因为十分容易，所以我觉得如果这样，我就慢待了顾舟群：我既然给萤火虫郑州分站的站长写了一首生日诗，那么也一定要给萤火虫苏州分站的站长写一首，而不是改编一首！

那一天，一直到了深夜，我还苦苦地想着。就在这样的焦虑中，一直到当天晚上23:59，我才终于在微博上发出了这首诗。我还清晰地记得自己发的时候，急得手直哆嗦。

有时候我也会忍不住怀疑自己：这个世界上有谁会在意我这样的一个小小诺言呢？又有谁会像我对待诺言一样，对待给我的诺言呢？

不管怎样，在差一分钟就不是顾舟群的生日的那一刻，我践行了我的诺言。

万万没有想到，这样的一首诗，在四年之后的今天，在几百人的会场，又重新被老师们读起。

三

给顾舟群的诗之所以难写，是因为这首诗的每一段，都有着一段让人们，起码是让我难忘的故事。

人们
总说那浩瀚的威严的神秘的海洋
总说那巨舰驰骋奔往红日
总说自己的心如何乘风破浪

我在2009年年底认识了顾舟群。第一次见面，她就告诉我："新教育倡导小学老师从一年级教到六年级，以毕业的成绩开出一朵完整的花来。"

我明白她的意思。在见到她之前，我在新教育网站上早看到过诸多的类似言论。

的确，这样的安排从教育规律来说是合理的。但新教育毕竟只是一种教育实验，不是教育行政部门，无法强行要求教育局或者学校这样安排工作。

因此，许多只能三年循环，甚至一年换一个班的老师们，觉得自己就像"二等公民"一般，士气很低落。

她

却只是用一张张雪白的纸

叠出　一艘　又一艘

船　只有溪水铮淙相迎

顾舟群告诉我，她连着教过一次一、二年级，因为教得很好，校长也器重，让她又回到一年级重新教。她为此非常难过。

当时我劝她，能够从一年级到六年级完整地教过来固然是对老师的一种挑战、一种成长、一种怒放，但你这样多教了几次低段，就在低段有了更高的能力，不是更容易成长为低段的专家吗？为什么你不把这些积累写出来呢？

我当时就和她约定，请她把之前的新教育记录整理为书稿，我负责帮她找出版社出版。

那是心愿的使者

每艘船上都住着一片破碎的心

在夜的漩涡里悄悄挨近

终被月色凝聚

没有任何人是完美的，没有任何家庭是完美的；所以，每一个孩子的心都被伤害过，每一间教室里，老师都会遇到不一样的学生。

在顾舟群的班上，有一个特别的孩子，她一度被视为智商有缺陷，但却在顾舟群的努力之下，被绘本故事疗愈为正常孩子。

这个真实的教育案例，当年上了中央电视台的新闻节目，这个孩子成为我写作《新教育的一年级》中"林月楚"的人物原型。

在激滟的波光里嬉戏

甚至　融为一体

万物本为一物　她悄声说

水花却在眼里泛起涟漪

就在顾舟群的事业取得了如此重要进展的时候，她却遭遇了人生中的不幸——丈夫意外去世。

中年丧偶，她一度几乎在悲伤中绝望。

尽管有着"水花却在眼里泛起涟漪"的痛苦，人类迄今还是不得不承认，正如万物本为一物一般，生与死紧密相连，也是事实。

在小溪拐角

命运睁着清澈的眼睛

纸船满载着孩子的欢呼声前进

因为　船的使命　就是远行

最后，是孩子们拯救了她。

家庭遭遇不幸之后，小舟把更多的精力投入工作，以倾情于教育来淡化生活情感上的缺失。

她的全力投入让孩子们受益更多，这艘教育之舟也在她日复一日的劳作中航行得更远。

毫无预料的幸福

来了　人们觉得这简直不可能

她只是沉醉于和孩子们让一艘艘纸船航行

却发现　海洋是小溪的延伸

2011年年底，顾舟群成了第一批萤火虫分站的站长。这个面向社会、服务父母的公益项目，充分地展示出顾舟群性格中最好的那些因素：亲和、奉献、真挚、朴素、勤劳……

顾舟群在成长中蜕变着。她的精神生命真正绽放出光芒，人们也都惊叹她越来越年轻，越来越美丽。

幸福似乎来得很突然。今天的顾舟群，出版了两本专著，成为知名阅读推广人，围绕她的是鲜花和掌声。

只是，这时的顾舟群，对这一切反倒不那么在意了。她还在不断学习着、充实着，又开始了新的航程……

四

知道顾舟群的教育故事、生命故事的人有很多，但知道《纸船》这首诗和顾舟群的生命如此紧密相连的人很少。

不过，在《纸船》的晨诵结束之后，我发现了一段话："晨诵了无数次，今天第一次成为晨诵的主角，当全身心地浸入时，我才发现，这首诗就是为自己写的。忍住了，不落泪。有点害怕参加后面几天的晨诵，怕忍不住，又有点儿期待诗歌和生命相通的美好感觉。"

这段话，是江苏的"一抹轻风"唐萍老师写的。这位亲爱的姑娘不仅教学水平高，而且好学上进，她"憨憨傻傻"地做了很多年义工，做了很多工作……我不断看见她做的事，但事实上，我和她到现在都并不熟悉。

唐萍老师的话，让我心中一阵温柔，一阵感伤，又再一次洋溢起满满的希望。

她的这段话所说的正是我的期待：让老师的心，在诗歌之中复苏。只有让老师们的心灵得到真切而深切的慰藉，才可能有孩子们诗意栖居的幸福。

这样的教育才是我们追寻的生活，这样的生活才是我们努力创造的未来。

哪怕人生如此脆弱多变，就像一张又一张纸做的船，可是，在这样一路的前行之中，我们一艘又一艘纸船的相遇，就是海洋风景中最让人惊叹的那一部分。

我之所以写"海洋是小溪的延伸",而不强调海洋是小溪的归宿,那是因为:生命如同小溪。

当我们走出山林时,都只是浅浅的、细细的一弯小溪。没有人知道一路上有多少阻隔,我们只能朝前走去,只能不断丰盈自己。某时某刻,我们终将来到海洋。

——我亲爱的朋友们啊,请记住:是无数小溪创造出了海洋。

《纸船》

人们
总说那浩瀚的威严的神秘的海洋
总说那巨舰驰骋奔往红日
总说自己的心如何乘风破浪

她
却只是用一张张雪白的纸
叠出 一艘 又一艘
船 只有溪水铮淙相迎

那是心愿的使者
每艘船上都住着一片破碎的心
在夜的漩涡里悄悄挨近

终被月色凝聚

在潋滟的波光里嬉戏

甚至　融为一体

万物本为一物　她悄声说

水花却在眼里泛起涟漪

在小溪拐角

命运睁着清澈的眼睛

纸船满载着孩子的欢呼声前进

因为　船的使命　就是远行

毫无预料的幸福

来了　人们觉得这简直不可能

她只是沉醉于和孩子们让一艘艘纸船航行

却发现　海洋是小溪的延伸

童喜喜

2013年7月30日 23:59

每位教师都有不一样的道路

我有一位伙伴，她是一个非常喜欢文学的女子，也是一位非常自卑的老师。尽管她爱学生，但是在教学生活中她的行动总是比较混乱。尤其是她从中学到小学任职后，在管理方面遇到了更大的麻烦。和那些懂得自己到底需要什么的中学生相比，那些更多时候是靠感性驱动的小学生，显然需要老师付出更多精力去引导，这也成为阻碍这位伙伴成长的一个巨大难题。

　　我结识这位伙伴的时候，就发现了她对文学的喜爱。所以我一直对她说，教育和所有的职业一样，都是一门技艺。既然是技艺，就有两条成长路径。一种是从技术通往艺术，也就是人们常说的熟能生巧。另外一种是不常见的，就是积累到一定程度后，直接从艺术到艺术。

　　我建议她完全可以从文学艺术到教育艺术。这样的过程是一种顿悟，有积累有思考，就有悟性，就可以由这条路抵达。

　　我一直这样建议她，到了最后建议甚至变成了提醒。可是，这也丝毫无法缓解她在现实生活中所遇到的挫折。她对自己的评价总是很低，对自己的方向总是迷惘，对自己的成长总是不满意。她在小学努力工作了五年，的确非常努力，却一直没有发生质的改变。

五年后，她得到一个去一所好学校应聘的机会。这一次应聘又发生了非常戏剧化的事情：她笔试成绩不错，第一次的面试成绩是第一名，这些都给了她巨大的肯定。没想到，到了最后一轮，她却被学校拒绝了。

这位伙伴因为应聘被拒绝，情绪跌落低谷的时候，我和她见了一面。我再一次对她说，你会越来越好的，你的教育之路有着跟别人不同的路径，但是同样可以抵达一个艺术的高峰。

我不知道正在伤心之中的伙伴是怎样理解这些话的。几个月之后的元旦，伙伴突然给我发来了一句留言："想念你，你讲的没有错，我确实会变得更好。爱你。"

"毫无疑问。"我回答她。我立刻明白了，肯定有一些非同一般的事情发生了。

伙伴说："你从来只跟我这样讲。每一次见面你都要说一次。以至于使我印象深刻。你说对了。"

看着伙伴发来八个拥抱的表情，我非常开心。我说："你的那些丰富美好的积累，不是白白积累的。只要走下去，总有一天你会打倒心魔，成为自己。现在你开始有这样的感觉，这只是开始。会越来越好的。"

"嗯，希望再次见面，我会有更好的状态。"

再一次见面，是半年之后。伙伴果然和以前完全不一样了。

她又重新被那所好学校录用——当然，在录用后，她知道了自己当初为什么会被否定。

　　但是，被录用并不是最重要的。重要的是在她被学校否定之后、重新录用之前，这样一段本应该非常消沉和低迷的日子，反而促使了她的继续思考。

　　她思考着这一次应聘中遭遇的那些人与事，从而继续思考着现实中的教育、心灵深处的梦想、教室里的孩子们，以及我对她说的那些话。就在这一次的思考中，她重新认识并接受了自己。然后，她才意外地听说了被录用的消息。和家人商量之后，她接受了新的学校。

　　伙伴说，这一次应聘的过程，是她接触到许多好老师的过程。以前她的生活范围只是教室、学校、家庭。就在这一次应聘过程中，她发现自己和别人有一个不同的地方，那就是：其他老师都很努力，做得也都很好，可是那些老师只知道自己应该怎样去做，上面安排什么事他们都会努力去做，却几乎没有人能够真正地说清楚自己为什么要这样去做。

　　相较而言，她觉得自己在这些年的学习和工作之中有很多缺点，带了五年的学生，在管理上仍然有许多混乱之处。但是，她不仅爱学生，更重要的是，她已经能够越来越冷静地看待这些混乱，清晰地知道自己想做什么，同时知道自己为什么应该这样去做，能分析出她所做的这一切将给孩子们带去什么。

　　伙伴很感慨在自己的学习成长过程之中，阅读给予她的巨大力量。比如，读哲学，她非常鲜明地感受到两次高峰体验，也就是在两次阅读的过程中，曾经非常深奥晦涩的文章在一瞬间突然活了过来，关于哲学的文字以意象的方式直接涌上她的脑海。就在这些年的阅读过程中，曾经读不懂的——比如杜威，如今读起来非常轻松。她非常感激带领她阅读的人。

对于未来，伙伴也有了新的期待。

她说，现在任何一堂课，只要给她足够的时间，她就有信心能够进行比较理想的一种解读，能够备出一堂不错的课。但她知道自己还是不够好，因为她做的可能太复杂，不够简洁清晰；因为太繁复，就很难直截了当地传达给学生。她准备接下去继续自我磨炼，希望有一天能够变得简洁直接，思考任何问题时不仅像现在这样看见细节，而且能够在掌握细节的同时有一个整体结构。

对于伙伴的心路，我完全理解。她如此清醒地成长，实在让我感到开心。与此同时，对于她的规划，我提了两点建议。

第一点，我希望伙伴守住"人"的这一点根本。

我告诉她，她之所以有这样"弯道超车"式的成长，是因为在她的爱好之中，或者说是因为她长期的爱好形成的近乎本性的特质之中有文学。她应该特别留意文学的这一面。所谓文学，也就是人学。因为有了这一点根本，当她去汲取其他知识时，其实整个是围绕着"人"这一个中心来进行的，所以就会特别有针对性，也就会变得格外有力量。

伙伴说她意识到自己和其他老师的不同，其实是因为那些好老师重的是技术。教育本来就是对人以技术进行磨炼的过程，结合人的技术操练当然是不可或缺的。但是，这指的是"教"。

伙伴的不同，在于她心里有人，因此，她始终在"育"。育，才是教育的本质——"教"是为了"育"，教育是育人。这是教育正确的方向，也是教育应该有的方向。但是，在应试教育的积习远未扫清的当下，在工业时代思维惯性的推动下，太多一线教师盲目奔跑，却很少有人真正把握住这个根本的方向。

因此，我们应该重视技术，对于一切带领我们磨炼教学技术的人，不管是大人还是孩子，都应该感谢。但是，这些都是外在力量能够教会的。对于自身所拥有的"心中有人"这一点根本，一定要珍惜，要呵护，要牢牢守住。

不管发生任何事情，一定要守住这样一个"人"的根本。这是任何外在力量都难以教会的，只可能由内而外地萌生。有了这样的一个根本，才有其他教育上的一切美好可能。

第二点，我希望伙伴能够掌握更多的阅读方法。

伙伴希望自己接下去能够形成对于教育的结构性掌握，我非常赞赏。只是，这绝不是一件容易做到的事。毫无疑问，阅读是这条路上必备的工具，但更重要的是阅读的方法。

阅读，并不仅仅是别人教我们读什么。阅读是图书等客观载体与自身的过往感悟彼此碰撞、重新建构的过程。哪怕有老师带领我们阅读一本书，哪怕老师提供了极其精妙的意见带领我们研讨，虽然在这个过程中我们的确会从老师身上学习到很多，但这仍然不完全是他人教会了我们什么。尤其在希望对知识形成整体认知时，我们更不能寄希望于我们从老师身上所学的。

比如，阅读中的高峰体验相当于推开了一扇门，门外的世界骤然涌入眼帘，这样的感受是阅读之中非常美妙的体会。就像伙伴在哲学阅读中产生高峰体验时，不见得在场的他人也会产生这种体验，甚至作为引领者的老师也不见得会同时有。

所以比阅读更关键的是，自己一定要清晰地意识到，是自己——而不是任何其他人——在用自身心灵的力量推开了那扇门。其他人会把自己引到门口，甚至帮自己一起推门，但是必须牢牢记住，推开那扇大门的力量之中，其他力量都是辅助的，自己内心的这种由内而外、油然而生的力量，才是生命之中最宝贵的驱动力。

简单来说，突破式的发展最需要的是重新认识自己。只有铭记并认可自我的力量，才可能沉静如山、灵动如水，才可能在认知纬度上出现从细节局部向框架结构的攀升，才会在某一天，真正建构属于自己的体系。

就达成这一目标的具体细节，我也和伙伴有过简单交流。

尤其是针对她所推崇的哲学。我建议，除非是研究哲学，并且已经确定具体方向乃至研究具体代表人物的专业人士，才能确定围绕某一两个人的哲学著作进行阅读。否则，仅仅围绕一两个哲学家的一两本哲学著作的阅读，是一种变相的"读经"，并不是正确的阅读方式。

哲学，是认知世界的角度、剖析世界的方法、解读世界的工具。对于一般人而言，哲学阅读应该是在粗浅了解各种哲学流派之后，选取自己心仪的角度、方法和工具后再做更深层次的阅读。

对于中小学教师而言，因为基础教育阶段特别需要注意广博，在教师阅读之中就应该广泛涉猎各类哲学。这相当于了解足够多种类的人看待世界的方式，才能对各种各样的人与事有着相对客观、理性的认识。

接下来，一方面，教师在教室里面对活生生的孩子时，就能在文学的、感性的喜爱之中同时发生客观、理性的认知。这样二者结合，就能够更加清晰地了解学生，甚至了解自己。

另一方面，教师懂得多种哲学，就会不知不觉地在教育教学中用多种哲学的角度、多种哲学的力量，去激发思考，从而用这种百花齐放的思考，呈现出不同孩子的生命在不同视角观照下的不同的成长。这样的教育，才能真正让每个人都成为自己，这才是教育的魅力。

因此，过于执迷一种哲学，就是弱水三千只取一瓢的思考方式，在成全教师个性的同时，必然会自觉或不自觉地约束、限制，甚至在无意识之中压制孩子的自我。

对于伙伴而言，她希望重构自我完整的教育体系，百花齐放式的哲学阅读自然也就更为重要。单一纬度的有所突破是简单的，掌握一种思维方式工具就够了。在结构上的构建是艰难的，必须非常清晰地认识到自我的力量，而且需要汲取足够丰富的外部营养，才能在坚持和锤炼之中逐渐真正地形成独特的自我。

其实，哲学阅读如此，其他万事万物又何尝不是如此呢？广博与专精、包容与独创、汲取与建构，永远是一件事物的两面，也只有在这样的不断往复之中，生命才能不断地成长。

和伙伴的相见让我分享到她成长的喜悦，更让我见证到自我教育的规律。不同的人，有着不同的特质、不同的积累，也就注定了有着不同的成长路径。

我的这位伙伴，是从艺术向技术而行的。

在我其他的教师伙伴中，有一类恰恰是从技术开始，正在朝向艺术的巅峰艰难而又愉快地跋涉着。

还有一类，是艺术和技术都不是很鲜明，只是埋头耕耘，不断用行动去落实的。

正因如此，所有人都会在成长的路上，看见不同的风景。

我的这位伙伴，她经历过的那些痛苦自责的日子、那些反叛桀骜的日子、那些迷惘焦虑的日子……都是成长所必须经过的路障，也是成长应该汲取的养分。不同的成长之路，风景不尽相同，但感受其实大同小异。

从一个人的成长之中看见这个世界的纷繁，一切都是那么奇妙！所有走过的路，只要愿意反思、总结，并且愿意勇敢地继续往前走下去，那么，之前走过的所有路程，都是必要的。

我们正是通过这样有意的跋涉、无意的经历，在偶然和必然的相伴下不断前行。这条成长之路，最终抵达的往往是我们从来没有想象过的远方。那样的远方，带给我们更为开阔、美好的全新风景。

科比的『曼巴精神』
在体育课程中

体育不仅强身健体，其中的规则、公平、竞争、合作、挑战极限、坚韧不拔等体育精神，彰显的是生命本身的璀璨。这也是我们之所以喜爱竞技体育的根本原因。

当年读书时，篮球是我们班的"班球"，作为一名伪球迷，篮球堪称我唯一长期关注的体育运动。

2020年，篮球巨星科比因飞机失事去世，年仅41岁，同时去世的还有他13岁的女儿……

科比是一位个性极其鲜明的超级篮球巨星，让任何人都无法忽视。

他耀眼的成就，我就不赘述了。

正如他所说的那样："爱我或者恨我，两者必有其一，一直如此。有人恨我的狂妄自大，有人恨我的后仰投篮，恨我对胜利的渴望，恨我是一名老将，恨我获得过总冠军……去恨吧，用你的所有心思去恨我吧！当然也有很多人深爱着我，他们爱我的理由跟恨我的人的理由一样。"

坚毅、自律、永不放弃、永不言败的科比，将自己的诸多特质总结为一个名词：曼巴精神。

科比死了，他的精神还活着。

巨星骤然陨落，传奇刚刚开始。

如何让人们通过曼巴精神，从科比的传奇中汲取力量？

如何让体育精神，通过体育课程真正得到传扬？

2019年10月，一位体育老师突然找到我。

这位"90后"的温老师毕业于体育学院，是一位工作不久的乡村教师，任教于一所乡中心小学。

温老师说："我本身也为人父母啦，孩子还小。希望从各位老师身上可以学到更多东西，能帮助我和我的家庭，从而能影响到我所在学校的部分学生。"

他和我说起体育特色项目、体育特色课程，说他们"一直在摸索着搞，效果不是很明显"。

温老师指出，乡村体育课程的难点在于："农村的家长不太重视体育。孩子积极性很高，但是无论对于什么项目或是活动，他们经过一段时间的学习后就会厌倦，所以很难有一些特色的项目形成。有些学校的特色项目从培养到形成要花费很长的时间、精力，而且都是赶鸭子上架的形式，持久性较差。"

其实，这些难题不管是城市学校还是乡村学校都是普遍状况。

我当时总结回复了几条，希望温老师能够结合自己的实际情况，做出更好的体育课程——任何课程，之所以成为课程，都有类似的规律。在体育课程的研发中，有几个环节是我们容易忽略的，因此就容易导致课程收效甚微。

对体育课程的研发，特别建议如下：

1. 通过阅读切入。找一个体育项目，先组织同学阅读相关的图书，可以是对项目的历史介绍，也可以是这个项目的明星人物传记。

2. 请同学们练习该体育项目，对该体育项目的趣味性和专业性有一定了解。

3. 请同学们围绕练习中出现的问题进行讨论，以总结、归纳体育精神。其中，遵守规则、多方合作是必须讨论的重要问题。

4. 再一次深入阅读、欣赏有关该体育项目的图书、影视作品，请同学们结合自身情况进行交流。可以通过写作、绘画等方式记录思考。

5. 请同学们对开展该体育项目的过程进行叙述（讲述自己的经历、心得），让每一个学生都有收获。

6. 组织相关活动，通过展示（不强调名次）、竞争（分出名次）等不同目标的活动，让该体育项目从娱乐、竞技等不同方面进一步激发学生。

以上建议也是所有体育特色课程的研发要领。

具体以科比、以篮球为例，我丰富了一些内容，细化了一些方法，供有兴趣的体育老师参考。

1. 确定篮球作为特色体育课程后，先阅读相关的图书或者对该体育项目的历史介绍

比如，化学工业出版社出版的《玩转篮球：应对压力的自我训练》，这是美国专家为7~12岁儿童创作的桥梁书，重在儿童情绪管理与性格培养，指导孩子应对生活中遇到的各种压力。

又如，中国少年儿童出版社出版的《让孩子爱上体育：篮球》，这是国内原创的关于篮球的童书，也介绍了相关知识和明星，其中就包括中国的姚明。

再如，北京科学技术出版社出版的《青少年篮球教练执教指南》，这是一本5~12岁儿童的篮球入门百科，内容包括4大板块、40余条核心知识点和104页全彩手绘插图，以助孩子看篮球、打篮球、懂篮球。

也可以阅读篮球明星人物传记。比如，金城出版社出版的《曼巴精神：科比自传》。这是科比退役后用两年时间写作的，是了解科比内心世界、体会他的体育精神的最好读物。除此之外，还有很多篮球明星的人物传记，可以进行比较阅读。

以上推荐的图书中，有的书比较昂贵。一个班级可以购买几本，由同学通过漂流进行共读，或者通过轮流讲故事的方式，让全班同学有所了解。

2. 请同学们练习篮球

在练习的过程中，要注意两个方面。

一是，激发全班所有同学对篮球的兴趣。阅读本身就是在激发兴趣。在篮球练习中，体育老师要弱化竞争，强调每一位同学的参与，让同学们都能通过拍球、运球、传球、接球等方式亲近篮球，这样才会让绝大部分学生觉得篮球有趣。否则，从一开始就强调竞争，会彻底压抑那些体育天赋略差的学生（比如像我这样的）。

二是，注意篮球练习的专业性。之所以称为特色体育课程，就意味着要比一般的胡乱玩耍更专业。强调专业，是从兴趣到成就中搭起几级台阶，让不同层次的同学都能沿着一个方向，各自取得不同的成长。作为超级巨星的科比，无疑是篮球运动专业性的最佳代言人。

3. 请同学们讨论练习中出现的问题

前锋、中锋、后卫怎样合作才能取得最好的成绩？遇到不同的违规时，应该怎么办？怎样总结成功的经验和失败的教训？如果现在的某个规则不是这样，会发生什么？……这种种问题，老师都要带领学生们讨论。只有不断地讨论、执行、再发现问题、再讨论，如此循环，才能真正在行动中升华体育精神。

像科比这样进攻、防守、组织等能力都非常强的球员，能够为同学们提供各个方面的讨论素材。

4. 回到关于篮球、科比的相关图书

除了对最初阅读的图书的重点部分进行重新阅读、讨论，还需要引入关于篮球的各类影片。

比如，2016年4月14日，科比退役前的最后一场篮球赛，他以单人夺得60分、带领球队逆转比赛夺得胜利的成绩，光荣退役。

又如，2018年3月13日，荣获第90届奥斯卡最佳短片奖的《亲爱的篮球》，这是科比和动画师格兰·基恩的合作作品。

再如，纪录片《科比工作进行时》《姚明年》，根据真实历史事件改编的故事片《绝杀慕尼黑》、传记影片《艾弗森》、励志片《光荣之路》、创意广告片《德鲁大叔》、故事片《篮球小皇帝》等都是很好的学习素材。

需要注意的是，如果班级里的学生本身并不那么喜爱阅读，就可以

从观看影片开始激发他们的兴趣。

在重复阅读图书、观赏影视作品后，需要孩子们结合自己和班级同学的篮球训练情况，交流讨论，用写作、绘画等方式，记录下讨论的内容。

讨论中，我们重点围绕科比，比较他与其他篮球明星的不同，他带给我们的启发，等等。

这些讨论穿插在练习的间隙，每次三五分钟即可。学生们有话则长，无话则短，可以碎片式地不断进行。

5. 对开展该体育项目的过程，请同学们进行叙事（讲述自己的经历、心得），让每一个学生都有所收获

在班级里组织活动，让每一位同学都有机会讲述自己在篮球特色课程中的收获。可以以演讲、作文、绘画等不同方式，举行如"我向科比学什么"的主题演讲，请每一位同学都讲述一下自己在篮球课程中的成长。

这个活动要有三个特点。

一是要有仪式感。可以在开展特色课程一段时间之后的纪念日，或者在对一个学期的训练进行回顾总结时进行。

二是要有时间保障。和碎片式的活动不同，这一类活动要用一节课左右的时间，让学生深入、全面地充分交流。

三是要有老师在精神高度上的提醒与指点。比如，对科比关于高度自律、勤奋的名言的分享与分析；对科比凌晨四点起床练习篮球的勤奋的介绍等。这样四两拨千斤，能够让学生将科比的精神与自身的学习对照联系起来，得到更深更多的收获。

6. 进一步组织相关活动，仍然需要兼顾全员和特长两个群体

展示性活动是面向全员的。比如，运球、接传球、投篮练习等，每个同学都要参与，不强调名次，只强调参与的时间、数量。

竞争性活动是为了遴选人才。比如，运球比赛、一对一攻防赛、正式篮球赛等，通过淘汰式竞技分出名次。对有天赋的学生进行分层教学，让他们代表班级乃至学校参加此类比赛，争取好成绩。

体育是极其重要的一门学科，正因如此，体育老师也就更容易脱颖而出。

以上是我根据科比的情况丰富的篮球课程。如果老师有其他体育爱好，也可以根据自己的爱好进行这一类的课程设计。

通过自己的爱好设计班级特色课程是一个重要的技巧，能够协助老师在工作中更快地取得更好的效果，同时不那么疲惫。

温老师对我说过："针对体育与健康相关的教育，有太多力不从心和无奈。我坚信可以在这混沌的河流中保持自己最初从教的初心。虽然不能改变大局，但只要能改变某一个学生我就心满意足啦。"

我常常被这样的老师感动着。

身处困境，永不言弃。这，又何尝不是教育界里的"曼巴精神"呢？

如果你是体育老师，希望根据我的建议开展特色体育课程，欢迎联系我。

科比，你还将鼓舞更多人前行。

我只是来爱你的

一　写在前面

2009年7月，我偶然接触新教育，跟着这样一群新教育人嘻嘻哈哈"厮混"在一起。

2011年11月，我自告奋勇地走进新教育，给自己封了个"专职义工"的称号，准备全职做两年。

今天，是2015年，七夕。

凌晨5:35爬起来工作。

早餐吃了两个玉米。

午餐吃了"三炖"（胡萝卜、红薯、四季豆），一碗米饭。

晚餐时突然想到今天过节，应该犒劳一下自己，就跑下楼买了两个菜，共计："三炖"（胡萝卜、红薯、四季豆），一个咸鸭蛋，半袋鸡爪子，两碗稀饭（一杯开水混合一碗米饭）。

除了午睡、运动、洗漱、娱乐加在一起共计不到两个小时，其余时间我一直工作。

别说这工作完全不赚钱，就算是赚钱，有谁会想这么工作啊？反正，赚再多的钱，我也不想！绝对不想！

那为什么我还会这么工作呢？

我也一直在苦苦地追问自己。

或者，用"拷问"一词更为合适。

从今天中午开始腰痛，我躺了15分钟，看了15分钟的电影《二手狮王》。我几乎没有时间完整地看完一整部电影，这个电影已经是近第十次打开了。

正好看到老兵对外甥说"男子汉须知"的那段。

老兵说："如果你想相信，就相信。没有理由，只是因为有些不是真的就不相信。有时事情可真可假，但人最需要相信的是：人们基本上是善良的；荣誉、勇气、美德决定一切；权力和金钱，金钱和权力，一文不值；善良总是战胜邪恶；爱……真爱永存。记住这句话，孩子，记住：你所见真假不要紧，人应该相信这些，因为这些是值得相信的。懂了吗？"

我把这段话发到微博上，有人转发，但没有人吭声。

谁都不知道，我看这一段话时泪水大颗大颗地涌出来。我的心空荡荡的，只剩这一段话在其间飘荡。

像找到了同类的温暖，又像被准确地抚慰。

所以我想，在今天这个特殊的日子，我应该兑现8月初我在山东五莲许下的一个心愿：记录我们自己的活动。

2015年8月6日至10日，"萤火虫之夏（2015）暨全国第二届新教育种子教师研训营"在山东省日照市五莲县举办。

已经有太多人对这场活动表示惊艳。当然，也有不少人指出活动的遗憾。只是太少人知道这场活动的无与伦比之处。

或许，只有我清楚。

8月6日上午的开幕式上，我作为主办方代表作过一个致辞。

我们为追寻和创造幸福而来

亲爱的各位朋友：

大家上午好！欢迎来到"萤火虫之夏（2015）暨全国第二届新教育种子教师研训营"的活动现场！

我有一个问题，不知大家想过没有：我们来到这里是为了做什么？

我们从天南地北，千里迢迢甚至拖儿带女地来到这里，是为了做什么？

这次活动的负责人和我商量这次活动时，我说了三个关键词：平等、朴素、震撼。

第一个词，平等。什么是平等？

2009年8月，那时我刚刚走进新教育。在论坛上和人吵架时，我曾经对"平等"一词做出过这样的定义："我想，人与人之间的真正平等是这样的：一方面，当然是对上不卑微、对下不傲慢；而另一方面，也包括对上不偏激、对下不滥情。"

平等，不仅仅是指我们平时常说的官方和民间、普通人和专家之间的平等。对我们每一个人来说，平等也意味着父母和孩子、老师和学生之间的平等。

同时，我们今天来到这里的平等又意味着什么？这个平等意味着，我特别希望这是我们的聚会，是我们的盛会。这个我们，是我，是你，是他，是愿意来这里的任何一个人。

所以，来到这里，我希望我们每一个人都是主人。尽管我们五莲实验学校的教育同仁为了这一次的大会付出了艰辛的努力和无数的汗水，但是我并不想感谢，因为这是我们自己的活动。同时我也知道，大家来到这儿，千里迢迢非常辛苦，可我也不想感谢大家，而且我特别希望大家记住：这是我们自己的活动，让我们一起来享受，并且一起来创造这几天的生活。

第二个词，朴素。什么是朴素？

自从党的十八大以后，我们都知道提倡不要奢华。其实，朴素不仅仅是指物，也是指人。在字典上，"朴素"这词对人而言的意思是质朴，是为人的善良与踏实，是人和人之间平等之后的厚道相待、互相宽容、互相体谅。"朴素"这个词对物而言，是指物质上的俭朴，是简洁但并不简单。

我们来到五莲，今天看到这里的会场就很简洁。但这是我们无数人付出汗水劳作之后得来的，需要我们珍惜。

有了平等和朴素，自然而然就有了第三个词：震撼。

什么是震撼？就是摇动人的心灵。我不知道刚才你们的心灵被摇动了没有，可是我相信，在接下来的这几天里，你们会感受到不一样的生活。

这就回到了我刚才的问题：我们来到这里是为了做什么？

可能每个人都有自己的答案。我想分享一个我的答案，相信大家不会反对，就是：我们来到这里，是为了追寻幸福；我们来到这里，是为了更好地创造幸福。

我们常常说，这个世界很黑暗，不如我们想象中的好。可是，人活着，唯一的使命就是：改变这个世界。不管你愿意或不愿意，只要你活着，那么——如果你幸福，世界就会因为你的幸福而多了一份幸福；如果你美好，世界就会因为你的美好而增添了一份美好。

因此我们常常说，过一种完整幸福的教育生活是新教育的宗旨。但是，什么是幸福呢？

幸福是一种智慧，所以我们这次活动，邀请了大量的专家来为大家开阔眼界，让我们来分享专家是如何创造并且拥有幸福的，以此提升我们的智慧。

同时，幸福也是一种能力。所以这次活动我们专门安排了营训课程，这个课程就是手把手地教我们如何在教室里、在家庭里去创造幸福，去提高创造幸福的能力。

我特别相信，接下来的几天一定会令大家难忘。

与此同时，我也特别期待，我们从这里走出去之后能够把这里的幸福传播给更多的人。因为我们刚刚看到的那个视频《新孩子在行动》，就是我们团队制作的一个视频，讲的是"新孩子乡村阅读公益行"活动。表面上看，是我一个人在天南地北地跑，其实是我们团队付出了巨大的努力。更重要的是，我们新父母研究所只是新教育中一个小小的机构，在去年一年之中，我们举办这一类的线上、线下活动共计1019场。

这么多活动，当然不是我一个人做的，甚至也不全是现场的我们做的，而是全国各地更多没能来到现场的义工们做的。

最后，我在这里要呼吁大家——什么是我们呢？就是你！就是我！就是他！

当我们一起行动的时候，我相信，人生就应该是一场幸福完整的教育生活。我们通过得到教育而启蒙，通过自我教育而提高。如何定义幸福？我愿意用八个字来定义：点亮自己，照亮他人。

我也特别期待，有着更多的人，和我们今天在座的萤火虫义工以及种子教师一样，让我们一起来默默地、自娱自乐地、开开心心地来做这样一件事。我也愿意和大家一起努力，走在追寻和创造幸福的道路上！

谢谢大家！

我的致辞很真诚。

只是，我的致辞和无与伦比没有任何关系。

这场活动的无与伦比之处，就像房间里被人忽视的那只大象，因为巨大，反而被视而不见。

二 无与伦比的好玩之处

7月中旬参加江苏书展的活动时，电视台主持人问我："做公益对你的写作有没有帮助？"

其实她要问的问题已经通过工作人员提前告诉过我，我也准备好了答案。

在采访中，她开始还是礼貌而客气地进行着采访，因为谈到阅读时说起她的女儿，我和她聊得非常开心，能够看见她眼里柔和温暖的光芒。我一开心，就忘记了自己准备好的冠冕堂皇的答案，直言不讳地回答："我做任何事情都只讲一个——我喜欢不喜欢。要说有没有帮助，我想，肯定还是有帮助的。"

我喜欢什么呢？我就喜欢好玩儿。

尤其在教育领域，因为不像本职写作那样还涉及养活自己的压力，做教育的任何一件事时，我只考虑：怎样才好玩儿？

对我而言，这一次的"萤火虫之夏（2015）暨全国第二届新教育种子教师研训营"最重要的就是好玩儿。

在好玩儿的路上身经百战，我对好玩儿的标准也越来越高。

在培训风格上，一般的培训方式老套，台上讲、台下听，听众是被动接受。培训时间也不长，人和人之间互不相识，每个问题都浅尝辄止，根本不可能深度研讨。没劲，不好玩儿。

我喜欢的培训风格之一，是李玉龙式培训。

李玉龙，官方介绍可以称为知名教育媒体人，现任《读写月报·新教育》杂志执行主编，曾任《教师》杂志执行主编，等等。

对于我而言，李玉龙的身份没那么复杂，就一个词：老大。

2011年夏天，我全程参加了李玉龙创办并主持的"第一线全国教师高级研修班"和"第一线校长学校"两个培训。每个培训都为期整整一周。我对他在培训中营造的那种人人积极参与的氛围十分着迷。

所以，学习李玉龙，我们的活动同样也既注重课程设置中大教育的视野拓展，也着力于具体教育问题的指导；我们也设置了学员自我介绍环节，准备好扑克牌随机发放给学员，要学员根据花色和编号进行自我介绍；我们也特别精心营造了自由发言的氛围，而且，根据我们对参会者内向羞涩程度的了解，我们甚至让两位主持人和飓风（郭明晓）在台上当众唇枪舌剑，别出心裁、处心积虑地"勾引"更多一线教师的发言欲望。

当然，我们还借鉴了一些其他的方法，又独创了一些独家妙招……

以至于活动安排到最后，当我想到李玉龙不能来参加我的活动时，我不是遗憾他不能来帮我培训老师，而是遗憾他不能亲眼看看我们的活动多么棒。我真想欢呼一声：老大是用来学习的，学习是为了超越的！

但我完全忽略了他在培训中的一个细节：耕耘这么多年，他经验足够、学识足够，辛辛苦苦办一个班，不是招不到人，但为什么他的班每期最多都限额180人？

因为我的傻大胆儿，所以我们的活动在全国各地共有691人报名参会，其中有551名大人、140名孩子，再加上若干未提前报名而直接闯来的参会者，以及我们新父母研究所的同仁、当地教师，实际参会人数，远远超过了700人……

仅仅内容好，但收费高，也不刺激。不够好玩儿。

我从不否定商业。恰恰相反，我非常喜欢商业的自由与公平。尽管商业的自由和公平有一些粗浅与简陋，但那仍然很好，尤其比挂羊头卖狗肉的假公益好得多。所以，对于各种商业教育培训，我并不反感。

对于那些假冒伪劣的商业教育培训，我只是认为愿意花钱的人需要冷水清醒；对于真正优质的商业教育培训，我则是举双手双脚欢迎。像李玉龙所办的培训班，就属于真正优质的商业教育培训。那是用生命灌溉生命、用智慧激发智慧，培训7天，2000多元，高吗？为什么能够花2000元买件衣裳装点外在，却不能花2000元滋养灵魂？前者还会落伍，后者却不断促使新生。

想当年，在我短短的上班岁月中，外出学习的时间可能超过了一半。在大大小小十几次外出学习中，除了一次单位报销200元，其他统统自费。因为我有一位超级节约的妈，她对我的嘱咐是：只要单位同意请假，你想学什么就去学。

把钱花在最好的教育上，就是把钱用在刀刃上，这是永远正确的选择。

只是，我和以商业方式做教育的人们同归而殊途。我无缘无故走进新教育实验，就是奔着公益而来的。

我之所以喜爱新教育，正是因为这是一种让普通老百姓的孩子也能享受的好教育。我之所以喜爱新教育，也是因为新教育坚持的公益模式。

这样又好又便宜的模式，配合着我心里一个根深蒂固的想法：那些交得起钱的人，不用我服务也可以从其他渠道得到成长；我的能力和精力都有限，应该花在刀刃上，应该去帮助那些除了我就没人会帮助的人，这样，我的付出才更有价值。

所以，我们的活动首先就取消了正常的定价。

根据规定，面向非正式新教育实验区校，我们的培训是原价收取。那意味着我们对新教育实验同仁的定价为500元的会务资料费，对外要收取1000元。比如，河北南和县团队45位前来参会的老师、江苏临沂市教育局局长亲自带领前来参会的20位老师，还有通过朱永新老师才争取到参会名额的老师，他们都在非正式新教育实验区校，仅这三处我们就可以多收入3万多元。

更重要的是，我们的活动还面向四类人免费：我们对全国近400位种子教师免费，对全国近500位萤火虫义工免费，对全国130所新孩子项目校和联盟校中每所学校一个名额免费，对所有陪同父母前往的孩子们全部免费。

尤为重要的是，最后一个免费条款。如果说前面三个免费条款只是我们煮粥时多加的一瓢水，不过是专家讲座时多几个听众；那么针对孩子的免费条款，就是我们另起炉灶，再做一席盛宴——我们免费为140个孩子提供了一次优质的夏令营活动。

在为期5天的夏令营活动中，孩子们根据年龄组成不同的班，进行晨诵、读写绘、整本书共读、生命叙事剧排演……孩子们亲身体验新教育课程的魅力，大人们亲眼目睹新教育带来的效果。夏令营课程，全部由优秀的新教育种子教师带领。

我知道，以上描述根本无法让旁观者明白这个夏令营的价值，所以我要用大人最信服的数据说话——

有一位种子教师的儿子考上了一所名牌大学，需要高额学费。她感觉压力太大，来问我："是花很多的钱读这所名牌大学，还是花很少的钱读其他大学？”我毫不犹豫地回答：“钱的问题，再难都会解决。永远不要放弃最好的求学机会。”她听取了我的意见。此前，她的业余时间都花在种子计划的学习上，为了给儿子赚学费，她开始接受校外培训班的教学工作。这一次，她在校外培训班被安排的教学时间与种子教师研训营的活动时间冲突，她向我请假。我爽快地、高兴地批了她的假。

这位不得不去赚钱的种子教师趁暑期给孩子们做校外培训，从8月2日至12日的培训工作收入是近3万元。

我们的夏令营课程选用的授课教师，都和这位种子教师的水平相当。8月6日至12日的授课教师人数共计54人。

除此之外，我们的夏令营还有60名值班义工。因为人数不够，部分教师还主动承担了双份工作……最后，孩子们在夏令营授课教师引领的深度共读下，用卡纸和报纸制作了戏服，他们所演绎的《木偶奇遇记》之传神，震惊全场！！！

我看见《二手狮王》里的老兵说的那番话时，为什么会热泪滚滚？是因为对老兵说的每一句话，我的体会和很多人的体会并不相同。比如其中的这句——金钱和权力，一文不值。

为什么我要说这次活动无与伦比？因为我们免费都免得这样无与伦比。

是不是很刺激、很好玩呢？

最无与伦比的，还不是免费。

“阅读”这个词，在2014年和2015年连续两年进入《政府工作报告》，全民阅读在声势上已经初见成效。

全民阅读，千呼万唤始出来。来之不易，已经很好。

但对于阅读本身，实在有太多误解。

根据新教育对阅读的研究，我粗浅归纳过阅读三阶段：起步重兴趣，以内容的浅显亲近来吸引初读者；中级重数量，以海量的囫囵吞枣来提高能力、养成习惯；高段重精深，更重阅读法，加强与生活、生命的共鸣，实现"学为创造"的目标。

我以为，这些是阅读法中最为粗浅的道理。显而易见，且毋庸置疑。但在我这一路的行走过程中，我发现有太多人止步于最基础的问题。

比如，浅阅读行不行？行。浅阅读总比不阅读好。再好的名著，孩子不读也只是废纸。重要的是循序渐进。比如，海量阅读对不对？对。可是，仅仅有海量阅读，就是不对的。试想，一个孩子喝海量的牛奶，就能够茁壮成人吗？

所以在阅读领域的研究上，我钻研越久，越是坚信一点：没有教育理念的贯彻，没有教育规律的实施，阅读就算落实也只是人种天收，其结果必然广种薄收。

做到全民阅读都这么难，我们能不能比全民阅读走得更远一点儿？那样是不是更好玩一点儿？比如——全民教育？

在城市文化、社区文化尚未真正成型的当下中国，学校是有效的"毛细血管"，连接着千家万户。全民教育，就植根于这样的土壤之上。

20世纪70年代的中国香港，在传播利民工程的理念时，就是通过学校、通过孩子而成功实施的。我们为什么就不行呢？

通过推动正确的教育理念、科学的教育方法，教师、孩子、父母三方会因为共读而共同成长，会实现三方的平等沟通，会促进三方的和谐共处，最美好的文明果实会因此真正滋养千家万户。

于是，我们可以缓慢却有效地建设我们自己的家园：从物质，到精神；从儿童，到成人；从一人，到人人。

无论城市还是乡村，我们从自己就可以做起，我们从现在就可以开始。

因此，和全民教育相比，全民阅读又算得了什么？！

而我们的"萤火虫之夏（2015）暨全国第二届新教育种子教师研训营"，就是这样一场全民教育的盛会。

全民教育，首先是全民。

全民，体现在参会者的组成上。我们的活动参与者，一种是教育工作者，以一线教师居多，也不乏校长、教育局局长等教育管理者；另一种是非教育工作者，有企业员工、公司经理、自由职业者；还有一种是孩子，年龄从七岁到十几岁不等。

全民教育，当然得教育。

教育，体现在我们设计的课程上。因这次参会者以教师居多，故而我们安排的专家课程偏向于教师，但仍然取的是教育通识的方向；我们设计的营训课程遵循同样的原则，也选取了父母与教师能够同样受到启发的共读；更不用说我们为孩子特别安排的新教育课程，更是针对不同年龄打造的。

全民教育，也正是新教育实验的一大特点。

在江苏如东宾山小学参观张小琴老师的教室时，如东教育局局长刘崇国谈论起这位种子教师，他笑着说："你们种子教师有个共同点——把父母'忽悠'得特别好！"我特别自豪。其实从根本而言，新教育实验推行的十大行动本身，无论是"构建数码社区"还是"家校合作共育"等，都早已规划出全民教育的风貌。我们的活动，只是从新教育实验的汪洋里，撷取了一朵浪花。

全民阅读已经很厉害了，全民教育，不是厉害得无与伦比了吗？

我们这个小团队从现在就开始呈现出这一点，不是很好玩儿吗？

而且，无与伦比的美好必须排山倒海地出现。只有这样，才能具有摧枯拉朽的力量。只有这样，才可能唤醒，才可能重生，才可能从被他人照亮，转而主动点亮自己。只有这样才足够好玩儿。

所以，活动临近结束时，我们发布了一则征文通知，邀请参会者写下活动感受。

从目前收到的征文来看，起码在写来征文的这些参会者身上，活动的成效令人满意。

有位教师动情地写下了这样的文字："我是个极度自卑的、倔强的、心不怎么细腻敏感的人，生活教会了我把心狠下来，我很少哭。学习的日子，我的眼泪默默流了不知多少次。开始，为喜喜老师的乡村阅读公益行的视频而流泪；接着为'志在书里'老师身处逆境努力前行，做幸福的火种而流泪；后来听一慢老师讲绘本故事《跳舞》，书中浓浓的父爱在我心中泛起涟漪，想到自己爱的缺失而流泪；再后来郭明晓老师在共读《织梦人》前播放《心的方向》，我又感触这条路的不易而忍不住流泪。泪水的流淌让我明白，原来我一直都在爱，在学着爱，爱天地间一切美好的东西。"

但，如果一切都美好得如此简单纯粹，我就不必发出誓言叮嘱自己要记录了。

一场活动，就是一座冰山。

根据阿基米德定律，自由漂浮的冰山，只有十分之一显露在海水之上。沉没于海平面之下的真相，永远会有十分之九。

这样一场我自己都认为无与伦比的活动背后，我哭过三次。

与这让我流泪的"无与伦比"相比，我上面所说的这一切，又算得了什么呢……

三　我是我的神

人性是立体的，世界是复杂的。所以，冰山的真相注定了十之八九会隐没在视线的汪洋之下。

我的第一次泪水，流在会议的第三天，8月8日。

早在活动第一天的下午，活动总统筹就告诉我，会务组要求带孩子前来参会的老师们，每人用两个半天去夏令营义务承担一些工作，有的老师拒绝了。

我平静地说，我明天会提醒大家这件事。

如果是以前我遇到类似的事，肯定会气得一跳三丈高了。但是，经过"新孩子乡村阅读公益行"的打磨，我总算百炼成钢。对这群因为各种因缘际会偶然相聚于五莲的人们，有了相当的心理准备。所以，8月

7日下午，我在会议正式开始前发言，提醒大家：我们的授课老师都是优秀的种子教师，担任义工也是学习，既是照亮他人，也是点亮自己。

8月8日上午，我去夏令营现场探望义工们。夏令营活动分为好几处，有的在教室共读，有的在操场踢球，忙而有序。我没有打扰教室里的孩子们，去了操场，在操场上见到了一群义工。

见到这些熟悉的伙伴，我乐滋滋地跑过去。一番笑闹亲热之后，有人说了一句："我们这边缺人手，工作安排不下去。他们还说，谁让你们是义工呢？"

"什么？"我愣了。

几个人就七嘴八舌地介绍起来。

原来，8月6日的夏令营，尽管有蓝馨舞、竹子、雪儿、淮安燕子、梁希等资深萤火虫义工带领，又得到不少老师的协助，140个孩子的场面还是非常忙碌，甚至有些混乱。

于是，会务组邀请安全员在8月7日早上开会，希望大家能更好地配合会务组。

结果就出现了这样的一系列答复："我的孩子愿意和我在会场学习，我不想去值班了。""我只有三天的学习时间，我不想值班。""我们学校给我安排了学习任务，我不能值班。"等等。

8月7日早晨，安全员会议开始前就有人催促："我是教师，我是种子，我是来开会学习的，赶紧说，说完了我好去会场。"

竹子说："我也是来参会学习的，我还没有进过会场呢。"

这位老师干脆地回答竹子："谁让你们是义工呢？"

（竹子不是老师，她在一个企业上班，却是广西百色萤火虫义工，千里迢迢自费赶来参会。）

安全员会议散会时，又有老师来拍了拍一位老师的肩膀，说："谁让你是义工呢，干吧！"

（这位老师是种子教师，也是萤火虫义工，是萤火虫武陟分站的站长，是本次活动夏令营板块的负责人。）

我听完，默默地看着面前的这群义工，说了一句话："你们记下这些老师的名字，回头把名单给我。"

接着，我又若无其事地跟孩子们一起踢了一会儿足球。

那时那刻，来自山西绛县的义工李海洋在带着孩子们踢球，来自山东滨州的义工"绿柳芽"在捧着足球跑向一位郁郁寡欢的落单孩子；来自福建永清的一位义工光着脚跟孩子们跑得正欢；还有来自河南焦作的义工蓝馨舞在和来自山东青岛的义工"丫丫妈"以及一群人说着什么……看上去一切都非常美好。夏日的阳光，就和我身边的这一群人一样炽热。

我回到会场，坐在第一排，发着呆。那句"谁让你是义工呢"在我脑海里重新响了起来。

热泪盈眶。

在他们的语境下，义工，是不是变成了一句脏话？如同我们熟知的"蠢货"。

我无法形容我的心沉浸在怎样的痛苦中。

不仅因为我也是义工，不仅因为我的敏感；更因为，这一群人来这里当义工，是因为我。

加诸他们之上的痛苦，数倍加诸我的心上。

新父母研究所的七个人与我最为亲近，这两年也被我拖累得疲于奔命。他们其实也是义工，因为我只是象征性地给他们支付工资，其金额之少，少得让陈东强院长听了数额之后就直骂我。但是，我用一种非常蛮横的办法取得了心理平衡，那就是告诉大家：来到这里，就说明做公益是自己的心愿，因此这件事就是职责所在，做得好，是应该的。

可是，我再会找借口，这样的借口也无法用到眼下这另外一大群义工的身上。他们距离我更远，我其实很少有精力能够照顾到他们。

是这句"谁让你是义工呢"让我意识到，我的这么多义工朋友，是因为我的一个小小的念头就如此付出。他们不仅如此辛劳，还在承受着如此的委屈。

我极度厌恶这场活动，我极度痛恨自己召开这场活动。

爱全世界，并不见得比爱一个人伟大。爱一个人，并不见得比爱全世界容易。

这些可爱的人，这些我爱的人，因为帮我实现梦想，所以才受到这样的对待。

我连这些人都无法顾及，又有什么资格去高谈阔论什么是美好呢？！

仅仅热泪盈眶，或许还不能算哭。

我的痛哭，出现在8月11日。

当天我已经在浙江进行巡回讲座。早上，我突然看见一位种子教师翻出了一则我3月31日发的旧微博，内容是：

#新孩子乡村阅读公益行# 早6点喝水330ml。6:30喝小米粥一碗。6:50喝水600ml，是酒店赠饮不能浪费，还要一位老师也喝一瓶。7点安检，行李箱查出一罐苏打水！是我昨天带给这位老师的，她没喝还偷放进行李箱！我再喝330ml！想吐！恨她！看，我当然不是总用爱与美的眼睛看世界的！

这位老师把我这则微博翻了出来，又说了几句话："有一次，朋友圈流行一个喝光瓶底水的倡议，当时我就想把喜喜这则微博发出来给他们看。只是觉得没由来的心酸。她不用号召，只是身体力行，我们便知道该怎么去做。"

我看了一眼，只看了一眼，就失声痛哭，完全顾不上马上就要出门做讲座。

2011年11月23日以前，我一直以为人和人是差不多的，人的本质是相同的。

可这些年，我越来越发现，不是这样的。

我和很多人不一样。原来很多人和我也不一样。这个发现真让我难过。

比如有时候，某一个在外人看来极其平淡的事物，却会对我形成强烈刺激。情感的洪水会在瞬间疯狂地扑向理性的堤坝，彻底淹没堤坝保护中的井然有序。那时我就像通灵一般，通向以前经历过的诸多事物，这些看似不相干的事物被瞬间洞穿，彻底融合到一起。

这天早上，这位老师的这句话，或者说，她说的"身体力行"这四个字，就是这样的一个事物。

这位老师满怀爱意的这段话，让我在一瞬间回到了2009年7月的新教育会议。同时，脑海中飞快闪现出自那开始的这些年以来无数张熟悉的脸庞。

其实，并不是我在照亮他人，而是我始终被他人照亮。

从2009年7月开始，是因为亲眼看见这些一线教师、这些最普通的工作者在身体力行，发现一个人在那么艰难的处境下仍然可以身体力行，我才被如此打动，才有了最初的走近。是大家的身体力行，才有了我后来的走进。是有了大家的共同身体力行，才有了坚持到今天的我。

正因为我发现原来很多人和我不一样，我才格外珍惜这些和我一样的人。

无法不珍惜。

就在离开五莲前往浙江那天的路上，薛晓哲和我讨论了一个问题。

关于这次活动中某个涉及与外人打交道的环节，此前我向他请教怎么做和为什么（是的，我常常在活动中遇到一些职场中人看来可能非常简单的问题，而我直到现在也根本不懂这些所谓的规则，只能向各种人请教），我当时对他说过一句"我压力很大，并不希望被过多地关注"。

估计薛晓哲能够相信我说的不希望被过多地关注的话。毕竟，是因为薛晓哲的20多次反复游说，我才在2008年开始同意进行诸多宣传活动的第一次：第一次在书上刊登照片，第一次做讲座，等等。而此前5年里，我出版了十多本书，从没做过这些事。

薛晓哲对我提的问题是："不希望被过多地关注其实很简单，你不做新教育的这些事就行了。你真的想走，谁也拦不住你，你为什么要做呢？"

我说："我已经不能不做了啊！"

他说："你看，这就是我们正常人不能理解的了。有什么不能不做的呢？别说这不是你的工作，就算是你的工作，既然你那么不希望被关注，也一样可以不做了。"

我急了，反问："为什么这就让正常人不理解了呢？一件事非常有价值，但是会损害我的一点儿利益，让我不舒服。可后者带来的痛苦，远远小于前者造成的益处，为什么就不做了呢？正常人不是都会权衡的吗？"

薛晓哲摇着头，慢条斯理地说："正常人不会这么想。"

我为之气结，一句话也说不出来。

我知道，薛晓哲所说的话，的确也是经常发生的。可我仍然无法接受。

到底是我不正常，还是这个世界不正常？！毫无疑问，我认为是世界不正常。

与此同时，我真的不懂，我到现在也不懂，为什么薛晓哲会提出这样的问题？我和他同时接触新教育，已经7年了，他自己也是一位新教育义工，深受大家的喜爱与敬重——我一直认为他跟我是一样的，为什么他现在还会提出这样的问题？

薛晓哲的疑问，给了我一种绝望的孤独感。

在这种感觉的笼罩下，我只觉得人与人之间、任何两个人之间的理解，是不可能的。

在这种感觉里，我几乎要放弃我对教育的信念，我几乎要变成"薛晓哲式教育"的信徒。

说起来他的确比我更有资格谈教育，因为他出身教育世家，毕业于东北师范大学，还曾担任数年的大学物理教师。他经常对我嘀咕的教育理念是：当作家靠天分，教育没那么重要，阅读没那么管用，等等。

但我不信。

我孜孜不倦地想要传达的是，绝大多数人的努力还没有达到需要拼天分的阶段；教育肯定不是万能的，但教育是人类唯一能够做的事情；阅读当然不是一切，就像脑袋不是全身，但一个人没有脑子还算人吗？……

遗憾的是，此次讨论前还没有发生种子教师微博激发我的事情，所以我没有想到，我其实可以像薛晓哲一样慢条斯理地、沉稳雍容地回答他——

因为新教育到现在仍然人手极其紧缺，有的事我不做就没人有空做，而这些人正在这里做，他们需要我，我不能走。

简而言之，这些人还在这里，我当然不能走。

这些人，这些萤火虫义工们，又是为了什么来到这里，为了什么留在这里呢？

为了这个问题，我又跟另一个人吵了一架。

这个人是我的一个亦师亦友的好朋友，因为我要批判他，就不暴露他的姓名了。但他的确是一个了不起的家伙——我这样形容他是确切的：把"了不起"和"家伙"这两个词搭配在一起。如果他能够爱惜自己身体的话，或许今后的某一天，我还得把"了不起"换成"伟大"。

偏偏就是这个家伙，居然在夸耀他自己的事业如何前景辉煌，等他赚了钱就大做公益，捎带着对公益做了一番点评。他说，做公益的人基本分为两种，一种是需要做公益给自己带来利益的，另一种是有了钱去做公益的，像比尔·盖茨投入几百亿美元去做公益。

我火了。马上问："那特蕾莎呢？她属于哪种？"

他说："特蕾莎修女可有钱了……"

我打断他的话："她有钱，那是她做慈善、做公益出了名之后。她开始时是怎么做的？"

他说："你不知道吗？特蕾莎出身一个贵族家庭……"

我说："我不讨论出身，我讨论的是她有没有钱。她开始时是用家里的钱做公益的吗？"

他沉吟了一下，说："像她这样的人能有几个呢？我说的是大多数。"

我说："不管有几个，那也说明，不是你说的只有两种！你说我现在是有钱还是没钱？"

不知道他是被我的道理说服，还是被我的气焰吓住，也可能是我搬出了自己就让他不好当面点评，他没再接着说下去。

我因为对他的这番言论真的很生气，也就没再接着这个话题说下去。

他笑嘻嘻地说："你接触社会这几年居然没有被污染，没有变成那种一边做事一边表演的人。"

我没好气地大声回答："我为什么要变？我是来改变这个世界的！"

他笑着把他的话喃喃自语般又说了一遍，我就把同样的回答更大声地向他重复了一遍。

其实，在别人面前说改变世界倒也罢了，对我的这个朋友说改变世界还真是心虚。他是一个真正致力于把世界变得更美好的人，非常有理想，又非常务实，还非常有学问。在我意志薄弱、立场不稳、摇摇晃晃的时刻，他从来就像灯塔一般。

可也许正因为这样，所以他不能真正理解世界上还有另一种人。

世界上还有一种人，他们并没有伟大的理想，只是普通人，他们并不富裕，不靠公益为生，既没惦记着也不太可能通过做公益得到什么利益，他们如果不做公益倒可以通过自己的手艺去赚些不无小补的外快。但是，这种人选择了公益，选择了让更多人因为自己而幸福，从每一件自得其乐的劳作与耕耘中，自己收获到一种很平凡很微小又很具体的真切幸福。

萤火虫义工，就是这样的一种人。

只是，人们必须意识到：对于世界来说，一只萤火虫就足以美好一个黑夜；但全世界如果真的只有一只萤火虫，谁能知道这只萤火虫是什么感受？

我第三次的泪水，就是因为一段萤火虫义工的话。

8月12日，活动结束的第二天早晨，活动总统筹给我发来了义工蓝馨舞的一段话：

"这次萤火虫活动，事前我并不知道孩子们有什么活动，以为仅仅是去做义工，带孩子去也仅仅是因为她爸上班，没人照顾她，没想到，孩子们的活动安排得如此完美！我只是想要一片枫叶，你却给了我整个枫林！这个枫林浸染了许多人的心血。当然，任何事都不可能绝对完美，不完美才是真实的，如果带着挑剔的眼光去看待，将没有任何事情符合心理期待。希望明年有更多的萤火虫参与其中。听讲座和为孩子服务都是学习，有时候，为孩子服务是更深入的学习……五天的义工生活，收获多多！当需要你上台表演的时候，请不要偷懒。每一次都是在为别人服务中书写自己的生命。单独一个人，能做什么呢？人最大的需要是被别人需要，共勉。"

我笑着，含着泪，慢慢地把这段话读了好几遍。在这次活动中，蓝馨舞和好几位义工都一直守在夏令营现场，没有听过一场讲座。

眼泪，源自骄傲。

我不得不承认，能和这样一群人并肩，真的让我骄傲满满。

为这样的一群人，我能再做点儿什么呢？那就是今后的故事了。

就是这样的一群人，心为火种，不仅让自己的生命绽放光芒，而且点燃了一颗又一颗心。

在活动闭幕式上，一位老师主动上台发言：

大家好，我叫武中华，网名"追梦人"——今早刚起的网名。我是来自焦作实验区的非实验人员，带着朝圣的心理来到这里。几天的学习，使得今天的我已经不是昨天的我！

昨天，我是向着遥远那方眺望的路人甲；

今天，我已是向着明亮那方前行的追梦人。

是谁帮我织就这个梦，是你们！

是谁点燃我追梦的心，是你们！

真诚地谢谢大家，在这里我要特别感谢与我"同居"的大杨树老师，是她给我吹的"枕边风"让我从犹豫不定到蠢蠢欲动，再到决心前行。你们就像照进我梦想里的那一缕阳光，助我把梦想照进现实。

这样的人越来越多，我真高兴。

只是，作为一个无神论者，我一向对"朝圣"二字不太感冒。不过自从对教育感兴趣之后，我倒是对此有了新的理解，把它解读为：学校，应是尘世里的庙宇。只是，其中高高供奉的绝不是神灵，而是自己。期待自己，发现自己，相信自己，挑战自己，成为自己。

换句话说：我是我的神。

我相信，我们每个人都是自己的神。

李西西曾经笑我："你是神的孩子——神经。"

闻者大乐。我更乐。

神经比神更好，可以有神的特权，又不必背负神的重任。人生，不就是这么一段经过吗？

我只是来爱你的——这句话，我在各种语境下想过。尤其是受到委屈时，我也曾反复地想："我又不图别的，我只是来爱你的，为什么会受到这么多伤害？"

而今天，我只能认真地说："我只是来爱你的。可是，我没想到我会收获这么多。"

因为今天，我不再仅仅是我。和这样一群人走到一起，从懵懂到清晰，我长大了，是真正的"大"了："我只是来爱你的。"

我，不是一个人，而是一群人。我，不仅是我，我，是我们。

我曾经总结过自己的成长规律：每次完成一个梦想，我就会虚无颓废两年左右。2004年山区支教后，我虚无到2006年。2009年写完《影之翼》后，我虚无到2011年。

这一次，我更是早有计划。完成"新孩子乡村阅读公益行"的100场讲座实在太累，我准备在我的这一部分公益行工作结束之后就淡出义工的事务，专心写作，多赚点儿钱捐赠新教育就算了。

但是我万万没想到，因为有这样的我们，我从5月20日结束公益行后就一直事务不断，一直忙到8月初的这场五莲之会，我的虚无颓废就被干脆利落地治愈了。

我只是来爱你的，真没想到，我会收获这么多。

前些天晚上忙到深夜时，我还忍不住感慨这世间事。有时一想就伤心，因为发现原来钱真的几乎能买到所有的事物，那么我付出如此巨大的爱，认真爱这些人，殚精竭虑地处理杂事，其实不值得。只需做很多人一度不信最后才不得不信的事——多写小说多赚钱，就能聘很多人把事做好。偏偏，一些人不断给我金钱无法衡量的爱。为这些人，我只能继续这新教育的义工生涯。

正是因为被这样一群人爱着，我才情不自禁地这样继续去爱这一群人，爱这一件事。

是因为这样的生活，我才渐渐懂得了：爱，仅有真挚还不够。愚蠢的爱，就是伤害。

就像今年夏天的这次活动，那些温暖人心的时刻、那些启迪人心的知识，统统都是萤火虫义工团队的功劳；而那些让人失望的人与事则是我的过失，如果我有足够的智慧，绝大多数本可避免。

那么，走着瞧吧。

作为"神经"，我首要的任务不是别的，而是让我们幸福。我本来想悄悄地溜走，回到闲散的生活状态，过一过快乐的小日子。但是，因为还有一些神的孩子在我身边，我只能继续努力，努力，再努力。

写下这些话，作为我对这一次活动的自省。义工的美好、活动的精彩，将在活动征文中由更多参会者以他们的心声呈现。

这篇文章，将作为我教育生涯的一个新起点。从自发到自觉，从阅读项目到作文项目，少废话，多做事，以行动为证。

谨以此文，献给我的过去，献给今天的我们。

从行知到知行而栖霞

栖霞，是一个大隐隐于市的教育名地。"行知"，是栖霞永远的教育名片。

1927年，著名教育家陶行知先生在南京创办南京晓庄师范学院，希望用平民教育"为中国教育寻觅新的曙光"。这一壮举，为后人景仰。晓庄，正位于栖霞。有了这一渊源，栖霞教育的积淀、视野、格局、起点已是不同。

为了实现教育救国的理想，陶行知先生曾经二改其名。他本名陶文濬，因笃信哲学家王阳明的"知行合一"论，改名为"陶知行"。后来他亲自到民间打了几个滚后，才觉得很多已提出的意见都是错的，没有效验，遂提出"行是知之始，知是行之成"的主张，其后再次改名：陶行知。

世事纷乱，但陶行知先生缘起于栖霞的教育探索经岁月而愈见光芒，成为照亮中国教育的灯塔，直至今日仍然被人追随。

栖霞，是一片志在创新的教育热土。知行，是栖霞新教育人今天的回答。

栖霞区整体加入新教育实验，就是一个从知到行的探索之旅。

其实，即使没有新教育实验，栖霞教育也不会差到哪里去。就中国而论，江苏省是教育中的佼佼者之一；就江苏省而论，作为省会城市的南京肯定不可能差；作为省会城市的一个区，栖霞区肯定也不赖。

我想，栖霞区的教育好，是因为知道多方合作，能够在发展"快车道"中共赢；是因为知道引入资源，能够更快更稳地建设；是因为知道科学的教育研究，能够创造真正的教育捷径……

因为懂得，才有行动。

2013年，栖霞在优秀的海门新教育实验区的引路下加入新教育实验。两个实验区如兄弟般并肩前行，呈现出今天栖霞教育的新风光。

我们更相信，朝着幸福的方向，积跬步，必致千里。

我曾经两次到过栖霞。

第一次到栖霞，是2016年10月国庆期间参加年会主题的学术研讨会。我在栖霞区参加研讨活动的同时，也走访了几所学校。其中，给我留下深刻印象的是一所学校的大石上镌刻的一首民国时期的老校歌。

《栖霞乡师校歌》

黄质夫（南京栖霞乡村师范学校　校长）

栖霞山在旁边，扬子江在面前。

首都首善，我们的责任先，我们的责任先。

耐着千锤百炼，才能任重道远。

做不完，学不厌，教不倦。

救百万村庄的穷，化万万农民的愚，争整个民族的脸。

好青年，着先鞭，新中华，就实现。

栖霞山在旁边，扬子江在面前，

首都首善，我们的责任先，我们的责任先。

尽管不知校歌旋律如何，但这样纯真质朴、热血澎湃的歌词深深打动了我。

想象着在仅仅数十年前，有这样的一群同龄人、同路人，曾经生活在这片土地之上，如此高歌着，如此耕耘着，如此拼搏着，最后逐一回归这沉默而温柔、多情而无情的大地……再看身边仍然奋力前行的人们，我心中感慨，无以名状！

第二次到栖霞，是2017年4月。

应扬州"金水桶"童书馆的邀请，我去江苏南京做了一周的"作家进校园"活动。我走进了南京外国语学校，为不同校区的孩子们进行了两场讲座和签售。

活动中，我和栖霞校区的教务主任任志刚老师有了一次交流。我刚刚完成讲座，承蒙任志刚老师谬赞，心中既是忐忑又是欢喜，一聊还得知我俩有共同的朋友，更是心生亲近。

可惜的是，因为行程安排得特别紧张，我第二次到栖霞时是早上来，晚上走，完全没有时间拜会栖霞的诸位师友。

在我记忆深处，还有另一次和栖霞的相遇。

那是在2016年11月，在温州翔宇举办的新教育国际论坛上。我带领团队承办了一个分论坛。在主题为"未来学校里的教师、父母和课堂"的分论坛活动中，有一个让我意想不到的来宾——栖霞区教育局副局长吴兴老师。

在第一次去栖霞时，我就知道吴兴老师是从一线走出来的领导。他曾经是海门名师，被引进到省城后，为栖霞教育立下了汗马功劳。

就在那天，整整一个下午，吴兴老师一直在认真倾听，中场休息也没有离开。我主持活动到临近结束时，在互动环节特意请他点评，他的发言堪称睿智深刻、入木三分。

博学且好学的吴兴老师，给我留下了极其深刻的印象。

我相信，强将手下无弱兵，行行业业，都是如此。

这些年，从文学走进教育，一路遭遇惊奇，也一路发现美好。每一个美好的发现，都像拥有了一星萤火，照亮着我不断前行。

非常惭愧的是，栖霞在2016年申请加入新教育"萤火虫亲子共读"项目，成立栖霞分站，但因为萤火虫项目的调整，以及我的力不从心，分站成立时间远远晚于栖霞同仁的期待，未能在这次以"家校合作共育"为主题的会议之中展现出栖霞萤火虫项目应有的风采。

因为这件事，我感到特别对不起栖霞，尤其对不起栖霞负责对接此事的戴志梅老师。

几乎在每一个实验区，都有一位像戴志梅老师这样的女性：勤勉、温和、干练，既是建设者，又是创造者，能够创造性地落实工作。

希望前不久刚刚成立的萤火虫栖霞预备站，能够在接下去的推进中，为栖霞教育再汇聚一支力量。

这次年会，我只能以我的新作《新父母孕育新世界》一书，代表团队这些年的探索，为年会送上一份小小的心意了。

今天的栖霞，是绽放荣耀霞光的新教育热土。

新教育年会的选址不仅是对一个实验区所做工作的推动，本身也是对已有工作的肯定。

第17届新教育年会就像一片美丽的彩霞，成为让诸多新教育实验区艳羡的一种荣耀。

我相信，现场的展现无论属于新教育特有的精彩，还是属于栖霞教育原本就存在的美好，一定都能够给予所有来宾丰富的滋养。

今天的栖霞教育，更是栖息在热土上的一片五彩之霞。

在这片热土上，除了新教育实验，还有诸多不同的教育探索，如为阅读推广做出卓越贡献的"亲近母语"等，正在殊途同归地行动着、建设着。

行与知，谁为始？其实，各人因缘际会不同，造化不同。重要的是，知者勇于行之，行者创造新知，如此知到行、行到知的互相促进、循环往复，才是创造明天的永恒之途。

各美其美，美美与共。相信这样博采众长的教育彩霞，会真正成就明天缤纷多彩的美好。

2017年7月15日，第17届新教育年会在南京栖霞召开。

从行知，到知行，而栖霞——

"耐着千锤百炼，才能任重道远。

做不完，学不厌，教不倦。

救百万村庄的穷，化万万农民的愚，争整个民族的脸。"

心为火种，生生不息。让我们继续努力，一起努力。

他们帮上天推开窗户

据说，上天为一个人关上一扇门的同时，也会为他打开一扇窗。

那么，肯定是老天爷太忙，才会让许多孩子门窗紧闭，无助彷徨。

有这样的一群人，他们和凡人一样承受困厄，却又默默帮助上天，为受苦的孩子推开一扇扇窗户。他们，就是从事特殊教育的老师们。

收到"教育在线"网站"特殊教育"版主"守护者"老师邀请我参加"灵山新教育第二届特教新视野网络论坛"活动的短消息，是在2009年7月18日。

我满口答应。因为写作的职业习惯使然，凡是特殊的事物，我都感兴趣，更别说近段时间我正为新教育疯魔。

与此同时，我还想着特教年会比起新教育年会，肯定会让我流更多的眼泪。因为特殊教育的特殊，更多的是与悲壮紧密相连。

我万万没想到，这是一次充实的学习，更是一次欢乐的相聚！其快乐的程度，较之我离开校园后参加的任何一次会议都有过之而无不及！

如果说新教育年会像一场五星级酒店里的豪华盛宴，新教育特教会则是自家人在自家小屋里的热乎乎的年夜饭。

每个人口味不同、体会不一。以一个非专业特教人的视角，我看见了这群人打开天窗，为世界带来了不一样的光亮。

与博士共舞

坐火车从武汉到大连的27个小时里，我足足睡了24个小时，昏昏沉沉下了火车，幸亏"守护者"老师的行车路线详尽到从火车站的哪个出口出站，我才顺利到达目的地……哦！不对！我在公共汽车上坐过了一站，又拉着行李箱溜达回来。

那是2009年8月8日下午1时许。

大连残疾人培训中心的一楼大堂中，有三五人围坐一起嘻哈谈笑。我目不斜视地直奔总服务台，向服务员报上姓名，拿到房卡。然后，我走了几步，又想起一件重要的事，向服务员要来了登记表，那上面写着与我同房的人的信息——女（废话！）、博士（天哪！）。

"博士"这个词沉甸甸地砸在我的心上。我理解的博士，乃博学多识、不通人事也。对前者我是又敬又爱，对后者我是心惊胆战呀！同居足足四天，这、这……

博士在傍晚时分出现了。她有着一双忽闪忽闪的大眼睛，利落爽快，脂粉未施。

博士一开口便直奔主题："方红老师让我给你介绍一些特教方面的情况。"

我赶紧讨好地堆着满脸的笑，直点头。

博士又说:"我是辽宁人,在大连上学好几年,对这里很熟,我带你出去转转!"

我看看窗外全黑的天,满心疑虑,却还是乖乖点头。

博士在前面带路,风儿吹向我们(此处请借用"小鸟在前面带路,风儿吹向我们"的旋律)——我们去哪里呢?

博士带着我到了一楼大堂。有几位老师围坐在沙发上聊天。

博士介绍:"他们都是特教老师。能参加此次会议的,都是全国特教届的精英。"

我满怀神往地将目光投向沙发上的老师们。

博士又斩钉截铁地说:"我先带你出去玩玩。回来你再找他们聊天,他们会聊到很晚,你可以多了解一些情况。"

我只得乖乖跟着博士走出大门……

出大门,向右,走了数百米。博士一路向我介绍了许多特教方面的情况,对我来说都是那么新鲜。

不知不觉,天已黑透。昏暗的路灯下,博士的声音有点儿异样:"哎?这是哪里?我以前……其实没来过这里……"

我心里一乐——但我忍住了,还是以正经的口气回答:"没事!我比你更陌生!"

博士遥指路拐弯处的一个霓虹灯,问:"那里写着什么?要不我们去那里玩?"

我骄傲地用猫头鹰般的视力凝视一番,回答道:"那写着'龙泉山庄',不知是住宿的地方还是娱乐场所……"

"这……"博士迅速扭转大局，坚定地说，"我们回去和老师们聊天吧！这里没什么好玩的！很黑！危险！"

我终于忍不住撕下我假正经的面具，哈哈大笑起来。

我俩一路笑着回到大堂，老师们竟然全散了！于是，我们回到房间，聊着聊着就睡着了……

这个热情、率真、善良、可爱、聪慧的姑娘，这个不像博士的博士，就是Siemens。

Siemens对我这个同居者耐心细致，她讲解了许多特教方面的资讯；她向我介绍了许多特教老师的事迹；她将《双语聋教育在丹麦》这一书送给我，推荐我有空可以看看；她和我无论睡觉、开会，还是吃饭，都基本待在一起；她甚至担心我嫌开会无聊，悄悄建议我可以溜出去玩一玩（当然我得申明：我遵守纪律认真开完了所有的会）；她和我一起去送提前离开的老师时，还不忘追问我是否记得住处的名称，担心我如果和她走散不知如何回去……

四天里，Siemens给我留下了太多美好而温暖的片段。然而，我更悄悄注意到：

Siemens对她的老师张宁生教授如对父亲般倾心照料；

对称她为姐姐的松子风如对小弟般细心劝慰；

对一位陌生来访老师推迟自己的吃饭时间耐心作陪；

对会上的好几位特教老师赞不绝口；

…………

我和Siemens同吃、同喝、同睡、同玩。她不仅给我的大连之行留下了一份欢乐记忆，更为我的大连之行奠定了欢乐底子。

不了解的人可能觉得组织会议是体力活，只要组织者耐心地把信息传达给各位参会者就行了。但我觉得，会议的组织者还得具备"算命先生"的本事，这样才能准确合并同类项，让参会的人成为朋友，这样才能让会议在议程结束后还能持久产生影响。

谢谢本次会议组织者的安排，让我结识了Siemens。

何况，本次会议组织者不仅是"算命先生"，他们还有更厉害的地方……

资深帅哥

湖南人把年龄大的美人叫作"资深小甜甜"。因此，本届大会中72岁的张宁生教授成为大会上的"资深帅哥"。

苏轼的《念奴娇·赤壁怀古》中又有："多情应笑我，早生华发。"因此，本届会议最多情者，非张宁生教授莫属。他的满头白发，帅得十分招摇。

9日上午的会议就是由张宁生教授主持的。一上台，他就给大家抖了个包袱："你们都是网友，而我是'友网'。我是因为朋友在网上，才来到这里的。"

大家哈哈一笑。这就是张宁生教授的会议主持风格：简洁，风趣，谦和。

我看到的每位老师回忆本次会议的帖子中都会说到张宁生教授。他是特教事业泰斗级的人物，可每场会议他都坐得笔挺，像小学生听课一样认真。许多老师都提起过一个细节：龚群虎教授的讲座结束后，张宁生教授兴奋地对身边的老师说，龚教授的这场讲座，他听了四五次，但每次他都会认真地听，因为每次都会有新的收获！

而这之后的一个细节，可能不是所有老师都听见了——

我和Siemens坐在一起时，张宁生教授走过来，笑眯眯地对Siemens说："你刚才听到龚教授回答coda的问题没有？这个单词能说出来的人不多，他肯定知道这个问题是参会的英文系肖教授提的，但他没点明，而是表扬了这个问题提得好！这，就是教学的艺术，也是做人的艺术！你呀，就是个直脾气，这一点要好好向龚教授学习！"

Siemens忽闪着大眼睛，默默点头。

我瞪着眼睛看看张宁生教授，又看看Siemens。张宁生教授一转身，我就赶紧教唆Siemens："别学！你千万别学！我看你这直脾气就蛮好！每个人都有自己的脾气，别到时没学好龚教授，还把你自己的直脾气给弄丢了！"

啊，张宁生教授！我不是故意和您对着干，实在是因为直脾气的Siemens也很招人爱嘛——萝卜白菜，各有所爱！

笑看悲欢

10日下午有三场讲座，第一场是深圳元平特殊教育学校康复部主任郭俊峰老师关于"聋童康复教育杂谈"的专题。

讲座开始前，守护者老师贴心地递给我一张纸条，上面写着郭俊峰老师的简介。简介如下：

· 郭俊峰，南京特殊教育师范学校聋教育专业毕业，现正读华东师大"言语病理听力学"研究生课程。深圳元平特殊教育学校教导处主任，1995年至今十年主要从事听力技术和聋童语言康复工作。2000—2001年度获得"深圳市优秀教师"称号。2004年被评为校"优秀党员"。广东省"残疾人康复训练技术及管理规程"专家编写组成员，元平特校校本课程改革与发展委员会委员，深圳市残疾人康复协会听力语言残疾康复专业委员会常务委员，深圳市特殊教育研究会理事。

2004年参著出版书籍《青年学子论特殊教育》，在省市级及国家级刊物上发表论文十多篇；荣获"首届全国现代特殊教育论文大赛"二等奖。

郭老师根据亲身教学体验，讲了自己的认识与思考。有生活，因此生动幽默；有思考，因此深入透彻。

郭老师讲到他听一位特教老师上公开课，特教老师教孩子说"苹果"，孩子看着老师，认真地说："饼果。"因为助听器的原因，孩子不能听出P的音。这位老师一再反复教孩子正确发音，孩子却越学越茫然、越错越胆怯。最后老师让孩子吃苹果，引导孩子继续说，可孩子却不敢再开口说话。

郭老师分析，这就是因为过于追求发音准确，反而损害了孩子开口说话的乐趣。郭老师说他觉得每个人一开口，发音都是不准确的。发音可以慢慢练习、纠正，而损伤了开口的兴趣，就是因小失大。

郭老师讲到一位朋友教一个有听力障碍的孩子的故事。这位朋友专门买了卡片，每天用半个小时教孩子读"白菜""西红柿"等。大人辛苦，孩子也辛苦。等到了饭桌上，郭老师见桌上有白菜、西红柿，建议这位朋友结合实物教孩子，对方却说："教了半个小时，我都累坏了！再不想说了！"

郭老师建议，可以直接带着孩子去买菜，或者在饭桌上边吃边说，这样在生活中学习反倒可以更轻松地解决教学难题。

……

比讲述这些更让我动容的是，郭老师说到这些，始终面带微笑。讲座结束时，他申明这只是他的一家之言，笑着说："我们可以观点不同，但我们依然可以做朋友。"

在讲座之外，一天下午我见到郭老师和川川的爸爸在一起聊天。川川的爸爸就孩子的手语问题与郭老师探讨，郭老师讲得非常细致且有道理（具体的我不多说了，只是我个人觉得很有道理），川川的爸爸也频频点头。

这样的郭俊峰老师，当然是大家乐于交往的好朋友。

菩萨低眉

前文说到，张宁生教授主持会议的风格之一是简洁。

在他的主持下，8:30—9:30的开幕式和9:30—9:50的合影，两项议程异常麻利地完成了。

原定10:00开始的专题讲座，提前到9:30就正式开始。中州大学特殊教育学院副校长孟繁玲老师是主讲人、讲座的主题是"浅析聋人教育与就业、创业之间的关系"。

从面相上说，眼角下垂者的性情偏于善良温和，不好事、不好战，孟老师就是这样面相的典型。她一副菩萨低眉般的模样，实在很难把她与讲座中那些繁杂的事务联系到一起。

讲台上，孟老师讲到特教学院第一届招收了几十名大学生，毕业时学生们都向她追问——孟老师，给我什么工作？工资多少？

讲台下，我大吃一惊，普通大学的老师肯定不会遇到这样的问题。谁都知道工作难找，如何择业早就是大学生早早关注的内容了。

随着孟老师继续演讲，我发现原来这就是孟老师工作的一部分，甚至可能是最重要的一部分：她不仅要负责培养特殊的大学生，还要负责把这些孩子扶上马再送一程。

孟老师经过调查，发现70%的学生想到特殊教育学校当老师，10%想自己做老板……

孟老师积极联系工作单位，推荐学生就业。某年，学院送去43人，过完暑假留下了20人，一年过去剩下10人……

学生被她推荐去福利厂工作，学生不去，对她说："孟老师不好！只管上学不管工作！"而这位孟老师接着又推荐给她新的工作（给葫芦烫花），这下学生满意了，又笑着夸："孟老师真好！"

我相信孟老师经历过太多这样的事，我也相信一般人面对这样的遭遇会感到寒心。可孟老师不，孟老师对这些学生就像母亲对孩子。她一面严厉地说出他们的错误，一面又为此找出更深层的原因，探讨更多办法。比如，她说，聋人在就业中，最难忍受的是孤独，是缺乏交流，因此才会发生放弃好工作的事；她说，每个聋人都找到工作，才算毕业……

针对孟老师的讲座，大家提出了形形色色的问题。

有的提问是用手语；有的提问本身就包含了答案只是寻求认可；而有的前面刚刚提问，孟老师刚刚解答，马上又有老师跳上前去，帮孟老师补充作答……对孟老师这一番追问，真是畅快淋漓，好不快活！

原定10:00—11:30为时一个半小时的讲座，事实上从9:30讲到了12:00。

最后还是主持人提出因为时间关系，只能最后提出一个问题——这才算结束了讲座。

我记得最后的问题是由关雪松老师提出的。他其实是说了一个答案："残障人士对社会有要求，同时也应对自己有要求，这是双方面的。"

我想，世界上的任何一个人做任何一件事，都应该这样要求：一方面，我们希望世界对自己所做的给予更多的关注，那样自然会让路更顺畅；可另一方面，也是更重要的一方面，还是自己要默默地努力，坚持去做点儿什么。

对了，我也向孟老师提了一个问题："与普通学生相比，在聋人学生的求学过程中，阅读是否更重要？如果是，用什么方式来加强？"

孟老师说，学院为此特别开设了"聋人与社会""阅读与写作""手语与沟通"三门课程。

然后，在"守护者"老师的建议下，北京联合大学特殊教育学院的吴玲老师也讲述了他们学院进行这方面的探索取得的一些经验。

后来，我在听讲座时发现，江苏省常州市聋人学校的张旭东老师也对此进行了深入研究。从讲座照片来看，那在学校中随处可见的小小图书角，真是让人赏心悦目。

朱永新老师倡导的新教育，一直把阅读放在重中之重。

新教育实验成果里，很多关于如何教孩子阅读的行之有效的办法，应该可以用在特殊教育里！

我觉得，特殊教育与其说是教育的一个分支，不如说是教育的一次深入与升华，是王冠上的明珠。

朱永新老师曾经对名校的校长说："给你一群优秀学生，你把他们教好不算本事；给你一群普通学生，你能把他们教好，那才叫本事。"

那么，像孟繁玲老师这样能把一群特殊的孩子教好的，正是本事中的大本事。

从聋变龙

"下面有请我们的张旭东老师闪亮登场！"主持人"守护者"老师宣布。

随之，"守护者"老师在众目睽睽之下，赤裸裸地大搞个人崇拜："我非常崇拜他——如果我是个聋人，我做不到像他这样；我是一个听人，我最多也只能做到如此！原因有三。

1. 他对手语的认识与研究非常深刻——在座的各位都会手语，但不是每个人都有他那样的研究。

2. 在论坛上回答网友时，往往要对很多基本问题一次次重复讲解。我累了，不愿再讲了，但他依然在耐心地讲——这又是我不及他的地方。

3. 一个教师的最高成就，最终体现在他的学生身上。如果与他的学生有深入一点儿的沟通，你们就会发现他的学生都很像他——善交往，综合能力强，而且书写能力非常强。"

我觉得，"守护者"老师的话，是对张老师的最好的概括。

张老师讲座的主题是"我们与聋教双语同行"。他直接提出当今残疾人面对的两个问题：一是以前旧的医疗方案仍然被认为是科学有效的；二是残疾人如何回归社会。

张老师介绍：

"世界聋人联合会（简称'世聋盟'）认为，当今聋人在人权方面首要争取的就是手语的使用权。而双语使人们对聋有了一种新的认识，以积极的态度看待聋人。"

与此同时，张老师参加的双语教学实验项目为聋师提供了一个舞台——

用同样的普通小学教材，用同样的试卷考试：

三年级（实验班，双语）优秀（80分以上）率70%，平均83分；

四年级（非实验班）优秀（80分以上）率27.3%，平均70.9分。

实验班从学前班开始就开辟了阅读区，孩子们的阅读兴趣很是浓厚。张老师带着实验班的孩子，在2004—2009年的5年实验中和项目同进步，和孩子同成长。

其实，张老师的讲座虽然精彩，但无法展示他个人的全部魅力。

虽然我与他接触不多（Siemens对我讲过很多张老师的事迹，但张老师也是本次会议的会务组成员，实在太忙，未有过多交流），但还是有幸看到张老师的另外一面——

在联欢晚会上，张老师在主动上前协助小姑娘川川演出时单腿跪地，让自己与川川处于同一高度。在场的很多老师都记住了这个细节，关雪松老师更是忍不住激动地当场对此大发感慨。我知道在大家心里，那一刻跪下去的张老师比站着的时候更加高大。

晚会第二天，我在路边遇到张老师，张老师突然顽皮起来，给我模仿活动中企鹅的动作。但，另一位老师的企鹅是憨厚仿真版，张老师的企鹅是摇滚霹雳版！我一惊之下，笑翻了天！

和前面吴玲老师说的一样，我还有太多的人不认识，没有机会好好体会他们的好。张老师就是其中一位。

相信在此刻的论坛中，在沉默的大多数中，还有许多张老师这样的人。

补充一下张老师介绍的北京联合大学特殊教育学院对聋生分层进行语文教学的资料（根据会议笔记整理，若有错漏请指点）：

把学生按照考入大学时的语文分数来分层：90分以上的学生为一层，把古代文化用现代文讲解；60~90分的学生为一层，讲现代文，按主题分为单元教学；60分以下的，是连初中水平都没达到的学生，以手语教学为主。

这样的细分有的放矢，我猜想肯定会取得不错的成绩。

但当时孟老师也说了一点，他们中州大学的分数是保密的，无法做到这样分层。

我想，张老师在教学中运用的培养阅读兴趣的办法就是不分层的，效果也很显著。虽然张老师教的是小孩子，但小孩子比大孩子更难教。可能张老师的办法对于孟老师这样的情况会有借鉴的价值吧！

篱下之乐

"寄人篱下，当然是痛苦的。可有些人，硬是从这苦中品出了乐！这化苦为乐之乐，当然是更深邃的乐、更持久的乐——有请我们'寄人篱下'的季兰芬老师。"主持人"守护者"老师介绍道。

季老师是苏州市盲聋学校融合教育部主任，负责幼儿园的教学工作。她的讲座主题是"最大的融合，无限地接近"，讲的是包括康复教育在内的聋生融合教育。

这是一项从2003年开始的教育实验。实验内容是把残存听力的听障儿童安排进普通幼儿园就读，让听障儿童和普通儿童从小生活在一起，借此努力，希望更有利于听障儿童融入社会。

季老师讲道：实验开始时招收了8个孩子，这些听障儿童被编入普通幼儿园小、中、大班，每个班1~2个听障儿童。

实验之中，陆续有人退出，又有新人加入。因此，2003年9月有8

位听障儿童，2004年9月有2位，2005年9月有8位，2005—2008年9月有8位（幼儿园担心听障儿童多了会影响正常入学，因此最多只收8位）。

我在抄下这串数字时，心里一直在想：当学生从2003年的8位变成2004年的2位时，当时的季老师，当时的融合教育，该承受着怎样的压力！

但季老师成功了，融合教育成功了。

融合，不是简单地把听障儿童和普通儿童放在一起，而是开设了资源教室，这个教室以最大限度满足听障学生的需要为准则。

融合课程更注重生活化、游戏化。比如，买面包、寄信等。季老师展示的那个听障孩子高举着手，把信塞进邮筒的照片，让人不禁微笑。

截至2019年，参加实验的孩子们中有14人参加了评估，有13人进入普通小学，1人进入聋校。

季老师讲了个故事："有次评估时，一位专家突然向我的孩子提问，'你知道你现在在哪里吗？'这是一个很难回答的问题，我也没有料到会有这样的问题。你们知道孩子是怎么回答的吗？"

说到这里，季老师顿了顿，笑嘻嘻地说："孩子回答'我在苏州'。"

此刻的季老师，笑得十分得意，她就像个孩子，一个骄傲地展示自己宝贝的孩子。

融合教育，不仅仅是对听障儿童有利。

对于健听幼儿，融合教育能教育他们从小关爱弱势群体，理解、关心和接纳残疾儿童，同残疾儿童和谐共处。

融合教育给了这些普通孩子不普通的经历，相信他们长大后会更有爱心、更宽容。而这，也是他们未来成功的要素之一。

季老师说："融合教育让每个儿童都获得了成功。不仅收获了现在，更将收获了未来。"

那么季老师收获了什么呢？她自己一直在笑，什么都没说。而"守护者"老师帮她说了："她是我的同事，更多时间是在普通幼儿园工作。在别人的幼儿园里总是有种寄人篱下的感觉，所以她回学校时，我们都像接待远游的亲人一般接待她。"

在介绍季老师时，"守护者"老师曾说："如果我有钱办一所自己的学校，那么季兰芬老师就是我第一个要聘请的老师。"

高大威猛

和龚群虎教授有"五见"。

一"见"龚教授，是在特教论坛上。对特教毫不了解的我，在参加会议前扎在论坛里扒拉帖子，临时抱佛脚，看到一群老师探讨龚教授的那个帖子。当时我脑中浮现龚教授的模样，是位头发花白的长者。

二"见"龚教授，是在Siemens的讲述中。话说我和Siemens一见如故，很快，我们的交流从探讨特教学术问题发散到八卦特教老师们。其中我们就说到龚教授，Siemens说她第一次见他时，他刚远足归来，须发蓬乱相当具有原生态之魅力。然后，Siemens停顿片刻，清晰地用四个字作结："高！大！威！猛！"在深夜近11点的寂静中，Siemens抑扬顿挫的四个字让我失态狂笑，直把她笑得莫名其妙……

三"见"龚教授，是真正见到。在他讲座前一天的晚饭桌上，我恰好和他邻座。当下我对他转述"高！大！威！猛！"四个字，大家乐不可支。龚教授笑眯眯的，对人民群众给他的这四字评语没反对，知趣地采取了默认的态度。那顿饭，Siemens、龚教授和我，从特教到电影，从电影到人生……猛侃一气。最后龚教授为了准备第二天的讲座提前离开。我当时心中对他颇有微词："明天就要讲座，今天才准备，这也太不负责任了吧？！"

四"见"龚教授，则在讲座上。因为龚教授要赶飞机，会议提前半小时开始。但结束的时间却比预定的会议时间还要晚半小时，两小时的讲座变成了三小时。讲座内容是围绕论坛上发的那个帖子，但互动的现场却闪烁了更多新的火花。我一边听，一边忍不住给川川的爸爸发短信，说："您有事没能听这场讲座，一定得找人要来这场讲座的PPT看！"讲座后无意中听到张宁生教授的话，我才知道龚教授已经做了四五次关于这个内容的讲座。对于这样熟悉的内容，龚教授昨晚还为此继续做准备——这负责任得我有点瞠目结舌了。

也是在讲座前后，我听关雪松老师说，龚教授培训聋师时，不用手语翻译，而是自己用手语结合PPT文件讲课，他治学之谦逊、勤奋、严谨，实在让聋师感动至深。我也听"守护者"老师说到，很多聋人老师认为龚教授的手语比自己学校的听人老师的手语更好；而且龚教授和人辩论最是有趣，他从不和人发火，有时说不过别人，他就会说："你说话厉害，我说不过你，但我还是坚持我的意见！"

五"见"龚教授，是在邮件中。我向他索取讲座的PPT，他爽快地答应了。没想到我离开大连后第一次上网，就看到那文件已经发到我的邮箱里。

幸遇如此高大威猛之师友，不亦乐乎？

关于龚教授讲座的主要内容，论坛帖子里就有。在这里我贴一点儿互动时他回答问题的片段（依然是个人笔录，仅供参考。错漏处还请指点）——

口语教学对有残余听力的孩子是好的；但强制地不让老师用手语教学，只用口语教学，这样做是违背语言学习规律的。

康复成长起来的孩子要不要学习手语？个人建议要学。学了手语才能得到安宁，否则他的身份认同会非常焦虑。因为通过语言康复的孩子把自己定位在听人，但他其实永远达不到听人的状态，因此他会有自卑感、挫折感。

深度聋的孩子，需要大量的、数倍甚至数十倍于课本的适合他年龄的阅读量，否则学习汉语是极其艰难的。

注意：听人孩子学英语，也不是靠语法学会的，而是依靠大量正确的语言材料才学会的。讲是有益的，但练（不停接触大量材料）更重要（这是讲阅读的重要性和阅读时先不必拘泥于语法）。

复旦大学在2003年开了"手语语言学"这门课，但作为专业来说非常难。

是的，真的很难。要做的事还有很多。但我深信，龚教授之难，会随着社会的进一步发展而渐渐变得容易。聋人之难，也会因为龚教授和更多像他一样的人的关注，而得到更多真切的温暖！

争交作业

论演讲，北京师范大学的钱志亮教授绝对是"职业杀手"：

字正腔圆。据宋磊老师那位对播音有研究的漂亮媳妇猜测，钱教授的吐词肯定受过训练。

风趣幽默。钱教授的讲座不时激起听众笑声，一扫下午听讲的疲惫。

图文并茂。那些显然是精心收集的各类图片，为钱教授的讲座增色不少。

机智变通。当讲座中仪器突然出现故障，导致图片无法正常放映时，钱教授正讲到"命与运"，他突然把自己用的电脑转向台下，让大家能通过屏幕看见图片，他说："看看这样是不是能改变'运'！"

哎，说到这里，我又得引用"守护者"老师的话："在上次全国聋师培训中，最后聋师认为收获最大的是钱教授的讲座。"

由此可想而知，聋人，包括聋师的心理关怀是急需解决的问题。

这场题为"轻松而快乐地活着——心理压力及其排解"的讲座，就是钱教授再次奉送的心灵鸡汤。

网上有钱教授讲座的文字完整版，大家如果有兴趣可以搜索阅读，我就不再一一打出我的开会笔记。钱教授的演讲中，诸如小鸟与牛的关系、男孩要糖果的手法、木匠盖房子的经过，甚至由钱夫人睡觉时把两条腿压到钱教授身上引发的思考……无不妙趣横生，令人捧腹，又发人深省，值得回味。

最厉害的是，钱教授讲座结束后的余威更强——钱教授布置了一个作业，让大家给爱人发一条亲密短信，类似"亲爱的，我知道平时我忽略了你，其实有句话我一直想对你说：我爱你！"让夫妻之间有更好的交流沟通。

第二天晚上10点，大会已经正式结束，我们一群十余人在门口的小饭馆吃喝闲聊。钱教授的这个作业成了绝佳考验，好几位老师当场发出短信、收到爱人回信，又被迫把双方短信当众宣读……乐得大家前仰后合！

钱教授的演讲魅力由此可见一斑。

但我还觉得美中有两点不足：

一是另一项心理测验的作业：把工作、健康、家人、朋友、信仰这五个词，每次放弃一个，直到剩下最后两个。当场大部分人最后剩下的是"健康"和"家人"，有一位老师剩下的是"信仰"和"健康"。钱教授总结时说："外国人做这项测验，一般会留下信仰，而国人一般都会放弃信仰。"

不知钱教授是否想借此说明信仰的重要？

但我还见过类似的另一项心理测验，是让人写出五项自己觉得人生中最重要的事物，然后一项项地划掉、放弃。这项测验是想让人们明白内心的真实需求。

不知这两项心理测验，是否前者脱胎于后者？我觉得前者的测验对中国人并不准确。大部分中国人没有确切的宗教信仰，但不是没有信仰，而是把信仰寄托于更具体的事物中。比如，我做这个测验时，留下的其中一项就是"工作"。我的工作是写作，对我来说，它就是我的信仰。

二是钱教授讲座内容的前半部分主要是劝人心情平和、珍惜眼下，近似无为而治，后半部分才说到理想，说到为自我而工作、奋斗（这是我个人的理解）。可因为时间原因，钱教授将前者说得充分，后者就不能展开细说了。如此一来，讲座整体气势略显不足，显得有些低沉。因为平和无为与颓废消极的界限是极其微妙的。

事实上，平和与奋斗是互为补充的两面。为了某件事而奋斗时，反倒容易让人对其他事感到平和。打个比方：一个爱吃肉的人为了吃到一大碗红烧肉而奋斗，就不会计较自己没机会吃鲍鱼。

我拿"守护者"老师举个例子：她筹办此次会议，遇到的烦心事肯定比任何参会者都多，她为什么还会平和、会快乐？不是因为她烦恼少，而是特殊教育这件事让她从中得到了生命的乐趣。

同时，正因每个人追求奋斗的目标不同，因此世界上的每个人才都有获得幸福的机会——因为目标不同导致实现的途径不同，而幸福的感觉相同。打个比方：你我爱吃的东西不同，你爱吃鱼我爱吃肉，但你下水捞到了鱼吃，我上山找到了肉吃，我们同样都很快活。

所以，钱教授的讲座不妨考虑时间问题，如果能更好分配前后两部分的时间，加强后半部分，应该会有更好的效果。

集体狂欢

10日19:00—22:00，联谊晚会。

我特别想写好这一部分，却注定写不好。

一开始，我仍然认真做了记录——

关雪松，诗朗诵，他自己写的诗《我聋我骄傲》；孙翰林，《约定》，单人小品，道具是一朵花，一人分饰男女二角；肖晓燕，英文歌曲，知道聋人听不见特意提出请聋人跳舞，心细，妙……

以上是我用手机短信记录的节目信息。当时大家还在正经地按照顺序来表演节目。

我记得，"暴乱"是陈少毅老师引起的！

在几位老师唱了卡拉OK之后，陈老师突然冲了出来，提出"抗议"："唱歌太多了！我们聋人听不见，不好！"

我暗中点头。是啊，这个"抗议"很有道理！不过晚会其实很难办，因为除了唱歌，其他都要经过排练……看陈老师身穿一身飘飘然的雪白衣裤，仙风道骨，应该是有特别的节目！

但陈老师紧接着就说出"不讲理"的话了："你们听人应该多表演几个聋人能够欣赏的节目！"说完，陈老师竟然退场，把舞台让了出来。

自己不表演，还把皮球踢给别人，这不是蛮不讲理吗？我心里直乐。

不管有理没理，就从陈老师的"抗议"开始，现场开始更加自由也更加欢乐了！

我记得，吴玲老师紧接着就自告奋勇上了台。她作为听人派出的勇士，迎接陈老师的挑战，用手语给大家表演了一个节目。这个节目我没能完全懂，但从别人的反应来看，节目是成功的！

接下来，联谊变成了狂欢。

张旭东老师给大家讲了个故事——不，应该说是一件发生在国外的真实的事（听起来故事主人公就是张老师的朋友）：两个人在国外超速开车时遇到一位警察，结果警察不但懂手语，还是手语高手，引发了一场趣事。

而川川早就迫不及待了，她要给大家讲讲自己在大连的见闻。张旭东老师配合川川，让她用自己的语言更活泼地讲出了经过。也就是此时张旭东老师在川川身旁的半蹲半跪，成为本次大会的经典镜头之一。

陈少毅老师也打起了太极——当然，这次不是说他推脱，而是他表演节目，打起了真正的太极拳。我不懂，但看样子挺辛苦的！做出一些动作时，我还看到陈少毅老师有点儿颤抖。只是，宝贝川川哪能看出辛苦？她只能看见伸胳膊动腿很好玩，于是也跳到了场中央，站在陈少毅老师身旁，一板一眼、有模有样地模仿起来！我猜啊，陈老师当时心里肯定是又乐又忧又气！乐自不用提；忧是担心拳脚碰伤孩子；气嘛，是我以小人之心去揣度了一下陈老师，说不定陈老师会这样生气："我好不容易表演个节目，唱回独角戏，川川来凑什么热闹？这，这不就是传说中的抢镜吗？！"

见到陈少毅老师露了番身手，关雪松老师也忍不住了，他也又蹦又跳地比画了两招。当然，关雪松老师的借口是要给大家送祝福。

……

除此之外，还有大量群众参与的游戏活动。比如，接龙做动作猜谜、逗逗和木头（我玩得太开心，根本不知道它究竟叫什么，这是我自己胡乱写的）。

第一个要猜的谜底是"狗急跳墙"，即使没到现场的读者，想象一群人表演狗急跳墙的动作，也该能猜出这个有多好玩了吧？

我作为猜谜的，猜出第二个谜底是迈克尔·杰克逊。但是，我要在这里提意见：下次请前面表演的人给我来几个标准的太空步！这才是他的象征！不会的赶紧去看视频自学！哈哈！

在"逗逗和木头"中，我还主动报名当了"逗逗"。作为一名"逗逗"，光荣的任务就是要把扮演木头（就是一动不动）的人逗得动了，赢者可以命令输者表演任何节目。

那天的晚会中，我还在几年没唱歌兼众目睽睽的不利条件之下，不怕丢脸地主动提出唱一首《千千阙歌》。因为这歌里的几句词，很能代表我的心情——

来日纵使千千阙歌飘于远方我路上

来日纵使千千晚星亮过今晚月亮

都比不起这宵美丽

亦绝不可使我更欣赏

因今宵的我可共你唱

无语有声

可能我说得不对，但我的确有这样一种感觉：培智教育比盲聋教育更艰难。

如果说盲聋教育是想办法搭建孩子与社会沟通的桥梁，那么培智教育的桥的另一端，在孩子那一面，连牢靠的地基都找不到。

山东省淄博市临淄区特教中心副校长郭海光老师讲的是培智教育，他的讲座主题是："培智教育在艰难中前行"。

　　参加大连会议之前，我在论坛里细读过"爱无语"的帖子。帖子文风活泼、故事生动，很有看头。那时，我还不知道"爱无语"就是郭老师。

　　翻看"会务指南"时，发现这位"爱无语"会进行讲座，我很开心。

　　11日上午的第一场就是郭老师的讲座。不过，我发现讲座和帖子的风格不一样。可能因为这是学术研讨会，所以郭老师的讲座理论多、事例少，与他的帖子完全是两个极端。

　　而我完全不懂特教工作，听不懂理论上的问题，更爱看郭老师的帖子。

　　这一场讲座，现在让我记忆犹新的是郭老师凝重的表情。他的表情似乎在佐证他帖子里让我印象很深的一段话："多年以来，我一直行走在培智教育的舞台上。虽然每天都能接触到智障孩子，但自己还是没有找到使这些可怜的孩子学习有效的方法。如何让他们体面地做人、有尊严地生活，虽然理论一大堆，可真正用在孩子身上时，却总不见效。每天我都很用心地去引导、去实践、去想方设法地改变他们的行为，矫正他们的语言，锻炼他们的体能，可为什么徒劳无益，他们依然如故？我很困惑也很抑郁，为了这些可怜的孩子，我的同事们也在尽心尽力地奉献着、付出着，焦急地等待着这些迟开的花朵能绽放出灿烂的美丽！"

　　我相信，岁月一定能帮助郭老师，让他身边这些经受太多风雨的蓓蕾开出美丽的花！

将军年少

陈少毅老师和陈毅将军只差一个字，作为老师的陈少毅却相当有少年陈毅将军的激越豪情。

在10日早餐时，我在饭桌上有幸与陈老师相遇，听他简短说了几句对聋生教育、中国聋人文化等方面的看法。当时，关于政治与经济对聋人及特教工作影响的问题，我和他争论了几句，陈老师说："明天上午我有个讲座，你听了就能明白。"

陈老师的口语相当好，讲座的PPT也非常精彩，讲座内容更是在很多方面为我扫了盲。

陈老师讲到"DPN"运动，说到"聋人现在当校长"是美国乃至世界人权史上的著名人权运动，为美国聋人赢得了政治平等权。陈老师总结："聋人没有政治权利，平等就是一句空话。"

相形之下，中国在这方面当然做得还远远不够。陈老师十分风趣地形容中国的聋人文化是"闪闪耀耀的中国聋人文化"，这个"闪闪耀耀"不是璀璨的意思，而是"星星点点，闪着闪着就没了"之意。

不过，我还是坚持我的看法。

从更长远的角度来说，经济的影响还是大于政治的影响。而从某种意义上来说，政治也是经济的产物——我还记得中学课本里令我印象深刻的那句话：经济基础决定上层建筑。

在不同政治制度之下，为聋人及所有人争取平等要用不同的办法。

中国聋人不是没有政治权利，而是没有美国聋人那样的政治权利。

就像中国人不是没有政治权利，而是没有美国人那样的政治权利一样。

因此，我们不能奢望中国聋人比其他中国人更幸运，能够拥有美国聋人的政治权利。

呼吁更多应当的权利，当然有必要。可我想，在目前已有的政治权利下，我们——无论是聋人、特教老师还是我这样的社会人——作为个体，能够做的事还有很多。因为，平等永远是相对的。世界上不存在绝对的平等。

骗人玩儿——不亦乐乎？

袁东老师让人印象深刻的，首先是他的网名——他将自己的名字颠倒过来不说，还硬生生地从男子汉队伍中挤入我们娘子军的队伍。

而更让众人印象深刻的是袁东老师的口才。

9日的第一场讲座里，"追杀"孟繁玲老师的人中，最起劲的就是袁东老师。交流刚刚开始，袁老师就举着满纸问题迎向了孟老师，大问题里套小问题、自己自问自答再问解答是否正确的问题……把孟老师杀了个手忙脚乱，最后还不得不在回答几个问题后，又反问袁东老师："刚才最后一个问题是什么？"

私下里，袁东老师的口才可横扫千军。我亲眼见到他与我同房的Siemens探讨问题，大赞Siemens的文章，同时批评Siemens的学校没能放行她去开会，害得Siemens手足无措，不能成言。

因为专业性强，对于袁东老师的题为"盲校教材不同形式的比较"

的讲座，我除了为他所说的盲校教材数十年如一日的陈旧而惊愕，对其他的问题都只能默默学习。

袁东老师讲座结束后，又一位老师上台，给大家演示了几种帮助低视力儿童看书的仪器。

世界小啊小，当天晚上8时许，我跟着西姑娘到处乱转，又见到这位演示仪器的老师。他们聊专业，我则旁听。聊完之后我只不过顺口问了个问题而已，这位老师立刻认定我是医疗研究人士——既然如此，我也只好顺水推舟，配合他变成医疗研究人士来"骗"他玩儿……哈哈！

百花齐放

11日下午，也是大会的最后一项议程：网友论坛。

我也很想好好写出这个大会的最后议程，但我还是写不好。当时有老师坐在我平时占据的宝座上，那里有电源可以接电脑。因此我带了电脑却没有打开，没能留下文字记录。

我只记得关雪松老师发言时，PPT上展示了他学生的作文，其中一篇《初一的荣誉》里写道："关老师真像大公无私的老天使一样。""老天使"三字让我开怀。

还有，川川一家是当天下午最特殊的代表。川川在台上表演的诗朗诵，是她在妈妈的帮助下，此前专门为大连会议准备的节目。当川川稚嫩的声音伴随着手语响起时，我忍不住跑到前面，录下了她的表演。

而"守护者"老师在这个节目后的发言，更是将这个节目推向了更深的一个层次。

虽然我没能留下这场讨论的记录，甚至连发言的老师们的名字都没能记全；不过，我记得"守护者"老师说，为了不冷场，她已经安排了6位代表从不同方面发言，但大家随时都可以插话、发言。

从结果来看，"守护者"老师的担心完全多余——原定14:00—16:00的讨论，直到17:00才结束。现场非常热烈。

不说别的，讨论开始时让大家用手语介绍自己的名字，就是独具匠心的安排。

我热爱学习又被安排和Siemens住在一起，还经过龚群虎教授的指点，早已知道自己的手语名字。我对手语大为钟情，正处于没到半桶水就疯狂晃荡的时期，一时间练习得如痴如醉。

硬从鸡蛋里挑骨头的话，我觉得作为网友论坛，在形式上还可以更活泼轻松一些。

如果让发言的老师都即兴发言，可以准备讲稿，但不能照讲稿念……

如果不采用台上、台下的方式，而是围坐在一起发言……

如果把下午讨论时的清谈会变成茶话会，甚至让能喝酒的老师喝起酒来——经费紧张的话可以大家AA制凑钱，就像当晚在小饭馆里的聚餐……

说不定，效果会更好？

庄重守护

见"守护者"之前，我四处收集她的情报。从她的帖子中、她的回复中、网友的帖子中、朱永新老师几篇推介她的文章中，乃至以她的ID命名的"特教论坛——守护者在线"几个红彤彤的字中，我发现了她的真名——方红，也记住了这是一个大写的ID：守护者。

在2009年7月的新教育年会中，我得到了一本厚厚的大书《共读共写 共同生活——新教育实验年鉴（2007—2008）》，并从中找到了一张"守护者"的发言照片。照片上的"守护者"给我留下了深刻的第一印象：她戴着眼镜，那不是斯文，而是一副瘦小病弱得让我胆战心惊的模样。

我见过这种人，他们是中国传统定义中的英雄——精神是强壮的，而身体是羸弱的。精神与身体越来越强烈的反差，突出了一个词：悲壮！

我敬重悲壮，又害怕悲壮。我更希望人生这场必散的宴席，有喧腾的结实的欢乐，才好抵挡生之重负。

到达大连会议的集合地是在下午1点，我问过保安问前台，丝毫未惊动真正负责接待的张旭东等老师就悄悄地进村，"埋伏"在305室。

"守护者"是那样病歪歪的模样，她组织会议肯定累坏了，就别麻烦她了，我想。于是我独自玩了几个小时，眼看快到晚上六点，突然想到明天开会，怎么没有会议资料呢？这才给"守护者"发去短信。

房门迅速被敲响，我赶紧开门——是"守护者"吗？

不是，不是。这不是那个悲壮的"守护者"。

来者身材高挑，淡妆，眼珠黑亮如孩童。这占据空间优势的高个子低头俯视我，咧开了嘴，笑容明媚，牙齿整齐雪白。她爽朗地冲我伸出手："喜喜吗？我是'守护者'！"

哦。

啊？！

我的手被她热乎乎的手牢牢抓住，抖了几抖，我这才相信：她真是"守护者"。她才是真正的"守护者"。

螳螂捕蝉，黄雀在后。"守护者"辛苦打理会议，我在一旁对她进行偷窥。

翻开"会务指南"，三天会议的各项议程安排、人员通讯，甚至开会、聚餐时的座位安排，简洁清晰、一目了然。

但大会开了一天，我越来越迷糊：这，不就是网络论坛，不就是个网友聚会吗？

近50位参会人员来自全国数十个省市；三天会议中的九场讲座，主讲者从特教学院副校长、博士生导师到盲聋学校的一线教师；讲座内容更是涉及特教工作的方方面面……这哪里是一个网络论坛的聚会？无论是地域范围还是专业程度，这不是一个国家性的特教研讨会吗？！

而这，是"守护者"组织展开的第二次新教育特教论坛聚会。她，了不起。

"守护者"说她组织会议挺幸福的，她说别的老师才是真的辛苦。

她说，张宁生教授分明是大会邀请来的贵宾，却把自己变成了工作人员，主动帮她招待大会邀请来的嘉宾，迎来送往。

她说，无论在组织、策划还是在执行上，都是张旭东老师在奔忙。

她还说到年轻的关雪松老师，夸他有想法、有干劲，做事麻利。

至于参加会议的老师，那都是她的朋友，她如数家珍。

我想，把辛苦变成幸福，是通过合作才能办到的。而一个人如何让大家合作愉快才是最见功夫的事。她，了不起。

"守护者"曾在会议前发短信给我，要向我买一套《嘭嘭嘭》系列，说希望我能带去会议，签名送给一个参加会议的孩子。

我一直租房住，没敢买太多书存放，手边的书送来送去都没几本了，《嘭嘭嘭》系列只剩下被弟弟看旧的一套（最后我灵机一动，从准备送别人的一套《小鬼喜当家》系列中抽了两本没写对方名字的，带去了大连），只好对"守护者"说抱歉，又说"我知道你这样叮嘱肯定是为了特殊的孩子"。

"守护者"告诉我，那孩子叫川川，以前接受双语教育，现在接受偏重于口语的教育，这种经历体现了两种教育的不同，她一直特别关注。

我听"守护者"说，将安排川川配合张旭东老师的讲座，用手语表演一个节目。

可张旭东老师在进行那场"我们与聋教双语同行"的讲座时，川川并没有表演。因为会议十分热烈，几乎每场讲座都会延时，我当时猜测是因为时间原因取消了川川的表演。

可"守护者"对我说，张旭东老师和川川碰头后，发现川川新接受的教育与他讲座要说的双语主题完全不同，两种教育模式发生了冲突，因此川川才没在张旭东老师的讲座上表演。

只对我这样说也就罢了。让我意外的是，按照安排，川川的爸爸在最后的网友论坛中有一段发言，川川借此机会表演了之前准备的节目。等川川的爸爸发言完毕，"守护者"走到前台，对所有人坦白了之所以没能安排川川在张旭东老师讲座中表演的原因，并对两种教育的不同做出分析，发表了自己的观点。

听了"守护者"的这次发言，我不仅为她将交流引向理性的深入而叫好，更为她的坦率真诚而喝彩！

以前看过一则故事：有两位教授是邻居，两人学术上的观点正好对立。课堂上、研究中，他们捍卫自己的观点，针尖对麦芒，毫不相让。双方每天见面时却十分友好，一派谦谦君子之风。

对事不对人，这话人人会说。但在人际关系过于复杂的当下，做起来却非常困难。守护者这样做了。她，了不起。

我也知道，"守护者"到挪威访问时发现挪威有四千名聋人却有一万名手语翻译，只觉得心口堵得慌，因为中国两千五百万聋人却连一名手语翻译都没有。

我又听说，"守护者"负责组织排练的节目曾在去2008的残奥会上演出。

我还听说，"守护者"是"中国手语第一人"

…………

而我认为"守护者"还有另外一个了不起——她是一位女性。

直至今日，一位女性的影响力更多的还是在小家庭，而不是更大的家庭，比如，国家、世界之中。一位女性要想在工作上取得成绩，需要付出比男性更多的努力。

可是，女性的眼界一旦打开，那颗母亲的心，能容得下整个世界。

我真庆幸"守护者"不是一位病弱得显出悲壮的女性，而是一位明朗爽利的现代女子。我深信她还有更远的路去走、能走、会走，我深信在这条路上，她能种下更多的花，同时收获更多芬芳。这是一条崎岖的路，但我深信她会走下去。

其实，我还没能真正了解"守护者"。我偷窥得再多，毕竟会议短暂，时间有限。

其实，每位老师、每位网友眼中都有一个"守护者"，因为大家都置身于同样的花园——特教论坛，这里讨论着艰难的特殊教育，也是一片奇妙的花园。有特教老师们、有"守护者"在此庄重又温柔地守护，结出的果实一定美得让人惊羡，比如，此次大连会议。

就像张旭东老师美滋滋地炫耀他能在清晨5:30收到"守护者"的短信一样，让我也忍不住有点得意的是，原来我这个湖北人，还能和"守护者"拉上点儿关系呢——她成长在军队大院里，12岁以前待在武汉。

我当时忘记告诉"守护者"，我们还能再拉近一层关系：我爸也是军人呢！他这位老退役军人曾数次带我去参加战友聚会。

散与不散

天下无不散的宴席。

那一场突如其来的盛会，让一群特殊的人出现在我的世界里。

几天时间，匆匆来去，简直如同冬天里哈出的一口雾气，一点点儿温暖，瞬间消散。

在那次盛会之后，绝大多数人我都没有再见过。

似乎每个人都回到自己的生活里，回到自己原有的轨道。似乎那一次见面只是见面而已，毫无价值和意义。似乎一切都不过如此，也永远如此。

半年后，关雪松老师去英国留学，继续手语的研究。

两年后，我捐赠稿费启动了"新教育萤火虫亲子共读"公益项目，没想到被朱永新老师直接宣布为"新教育亲子共读研究中心"负责人。于是，我又启动了一个"心露"特教阅读公益项目。我亲自撰写了项目介绍，从项目背景、项目目标、项目特点、活动设计四个方面描绘了我心目中的这一滴"心露"。

我写道："据统计，我国残疾儿童的绝对人数为世界最多……心灵的残疾则比身体的残疾更可怕。朱永新老师说，一个人的精神发育史就是他的阅读史。而残疾儿童作为有特殊困难的群体，在阅读上、学习上会遇到比健全儿童更多的困难和障碍，直接导致了生存、生活能力的欠缺。外加中国父母教育理念的陈旧、特殊教育基础的薄弱，最后残疾儿童往往被社会边缘化，一生再无幸福可言。残疾儿童是父母眼角的泪滴，是父母心尖上的露珠。这样的孩子，脆弱如露，更需呵护。"

我写道："希望通过'心露'特教阅读公益项目，让父母、教师、孩子组成教育的共同体，组织专家开发、提供真正的精神食粮，以科学的阅读方法为指引，把经典童书变成心灵的甘露，滋养孩子一生。让家庭、学校、社会形成合力，更有效地帮助残疾儿童获得心灵的健康，进而得到有效的学习与锻炼，从而营造幸福的人生。"

我写道："残疾儿童阅读的匮乏，很大程度上是因为无书可读。本项目将积极开发适合残疾儿童阅读的经典图书。阅读并非越多越好，新教育的阅读理念之一是'知识与生活、生命的共鸣'。因此，对于残疾儿童尤其强调对经典书籍的深读、精读，让书本中的知识在生活中运用，让书本中的精神在生活中苏醒。在此基础上，通过父母、孩子、教师与残疾儿童的交流互动，尤其是借助新教育在不发达地区的广泛影响，推动城乡间的交流，推动阅读，对参与项目的各方都是进行心灵重建的过程。"

我写道："开发新父母课程，免费提供给有需要的父母。让父母与孩子共同学习，一起成长。

"……以各地的盲聋学校的校园、福利院为基地，以'新教育萤火虫亲子共读'公益项目已有的全国各地萤火虫分站为基础，使残疾儿童有更多机会与有爱心的社会人士接触，从而在阅读中学习生活、在生活中锻炼成长，使社会交流更为丰富多元。"

只是，尽管依托于当时已经成立的全国各地萤火虫工作站，且在福利院成功举办过几期特教阅读活动，但"心露"特教阅读公益项目本身难以取得真正的进展，不得不终止。

总结该项目失败的原因，我认为在于缺乏专业人士。于是，我又改变思路，邀请关雪松老师担任项目负责人，支持他启动一个"手语卡"的公益项目。我捐赠了一点儿经费，购买了相机等必备物品，由他拍摄、制作了一套手语词汇的卡片。据说，这是中国第一套"手语卡"。

"手语卡"诞生了，但是，如何推广使用呢？我当然还是指望我心目中的专业人士关雪松老师。这一次，关雪松老师却没有了主意，他是专业的研究者，对于如何推广却毫无经验。

于是，这一次我又明白了：所谓专业，既是深度，也是局限。要想做成一件事，需要很多不同专业的人配合……

到了2022年，此时我已成为"中国阅读三十人论坛"成员兼秘书长，和论坛成员商议确定每年的4月为"全民读书月"，连续举办30场活动。在策划中，我提出了开办"盲童阅读指导师培训班"的建议。

这一次，我又辗转联系到了方红老师（"守住者"）。我完全没想到她竟然已经退休了，但是，她为我热心推荐了相关的专家。

在大家的支持下，这一次的培训班终于解决了诸多困难，顺利举行……

世间情缘，奇妙之处正在于仅此一线，似有还无，却又生生不息。

那一年，遇到那一群帮上天推开窗户的人，研究如何以特殊教育提升那并不完美的人世间，微笑，欢笑，大笑，我们聚成了一团火。

这些年，我再也未见那群人，可我相信，在茫茫人海之中，定有那光芒点点，正是大家散作满天星。

重生之前的时光

题记：

从2019年8月22日到2020年1月16日，我以每周一篇的速度，写下了这一系列短文，命名为"喜阅火种周记"，相对完整地记录了5个月的教育公益生活。只有11月，我因遭遇车祸头部受伤，同时又在按照既定行程完成了"童喜喜说写课程"全国百万公益巡讲的活动，精疲力竭，中断了一个月。

对我而言，这段时间也意味着另一段特殊的时光：从2019年7月中旬我辞去在新教育实验中的所谓职务之后，到2020年1月23日新冠病毒疫情导致我的家乡湖北武汉封城之前。

是的，至今为止，我仍然无法把新教育实验的各种机构中的各种兼职的身份认同为是一种"职务"。我认为，真正的职务，是有职位所规定必须完成的任务。可是，新教育实验本身只是一个因行动研究汇聚的、松散的、自发的学术共同体，不具备任何行政上的强制性，也缺少最基本的退出机制。因此，我认为在新教育实验里的行政职务，都只是荣誉。

身为作家，身为公益事业的爱好者，我自从1999年就开始持续捐赠资助公益项目。2009年接触新教育实验，其后十几年中，我也一直持续捐赠稿费，资助新教育的公益项目，聘请专职工作人员，我也担任义工身体力行地处理琐事。所以，尽管当新教育实验给我安排这些职务时，我就反复拒绝，但是，我既然曾经接受，就自认问心无愧。

就在写下这些记录的几个月中，一方面是我随着辞职，每一天都真切感受到内心的宁静喜乐与日俱增；另一方面也直接导致我日复一日地自我怀疑，我是否还有必要留在教育界中？

我是作家，我却把十年光阴完全投入这些教育琐事上了！人生能有几个十年？我能写作几个十年？为什么我不能彻底放弃教育事业，回归我挚爱的文学？

直到新冠病毒疫情暴发，全国各地无数医护人员不顾自身安危，奔赴我的家乡……是这些勇敢的人，狠狠教育了我。是他们，最终让我蜕变、重生。

而这里的记录，正好记录了我的重生之前：每一天，我都审视着自己的行动，审视着同行的价值，审视着教育的意义。

8月22日：平民还有希望

今天是一个特殊的日子。

从数字来说，是22日，2是我们团队的吉祥数字。我有一个朋友，因为生日是2月22日而得到了我们的额外关注——他是张勇。

从经历来说，是对心灵的又一次梳理，今天和朋友们一起又一次怀念张勇，再一次反思他带来的启迪。

从今天开始，我将开一个小小的专栏：喜阅火种周记。

喜，是我。

喜阅，是2005年李西西和我到山区支教后共同创办的"喜阅会"的简称，是"喜阅教师公益行动"汇聚的4000多位教师的简称，也是指我的阅读生活。

火，是"新教育萤火虫亲子共读"公益项目、新教育萤火虫义工。

种，是"新教育种子计划"项目、新教育种子教师。

火种，是心为火种，生生不息，点亮自己，照亮他人。

……

一个作家就会这么麻烦：想出简单6个字，要承载无数含义，恨不得把全世界都附加其上。

"喜阅火种周记"会在每周四记录教育上的一些经历、所思所想。

用于记录的内容是足够丰富的，只希望自己在繁忙中能够坚持。

刚刚过去的这一周，最重要的事就是8月17日至19日圆满举办的"新教育萤火虫之夏（2019）暨全国第11届种子教师峰会"。

我在15日深夜抵达山东诸城，20日返回。

会议结束后，我又忙碌其他事情，很多资料都没来得及整理，也没来得及看。但是在一天傍晚，我偶然看见一篇参会老师的记录，看见了一首诗。

我热泪盈眶。

17日开始到今天，我中断了小说写作，平均每天睡3个多小时（培训负责人王元磊比我的睡眠时间更短），就为了这一场普通的教育培训。

我以前自觉年轻，肆意挥霍时间，张勇死后我才开始一次次问自己：值得吗？6天完成《嘭嘭嘭》的我，把时间一天天地花在这样的事情中，值得吗？

看到这位老师的记录，尤其最后仿写的小诗，我又一次确定：值得——在这样的普通乡镇上的老师的教室里，将教育出比童喜喜好得多的孩子。

如果说平民还有希望，这是唯一的希望。

要特别感谢的是这位老师以及和这位老师一样被点燃的伙伴。

从新教育的角度而言，任何团队举办的任何一次活动都是一次工作上的推进。

但对我个人而言，是你们——亲爱的老师——是这样的你们，让这一次活动对我个人有了意义。

附1： **仿写诗《感谢》**

作者：韩仁英

让我怎样感谢你

当我走向你的时候

我原想只是一次普通的培训

你却唤醒了我沉睡的心灵

让我怎样感谢你

当我走向你的时候

我原想只是一场教改的风暴

你却点燃了我对成长的渴望

让我怎样感谢你

当我走向你的时候

我原想只是一番空洞的说教

你却指明了我行动的方向

让我怎样感谢你

当我走向你的时候

我原想只是一群卓越者的秀场

你却展现了教育最真的模样

让我怎样感谢你

当我走向你的时候

我原想只是成为孩子的榜样

你却开启了我神圣的梦想

附2：活动记录全文《欣喜满载星辉，期待斑斓放歌》

不畏酷暑，不念假期，行程一天，宜阳县城关镇第一初级中学的李伟姣、韩仁英和东街学校的王利娟、张红英一行四人奔赴"龙城舜都"诸城市，参加"新教育萤火虫之夏（2019）暨全国第11届种子教师峰会"。

8月17日，"新教育萤火虫之夏（2019）暨全国第11届种子教师峰会"在山东诸城龙源双语学校隆重开幕。新教育实验发起人朱永新出席并作主旨报告；诸城市副市长王大鹏致开幕词；市教体局党组书记、局长李熙良，市教体局党组成员、教研室主任王德出席开幕式。

围绕新教育种子教师研训营活动主题"家校共育"，主办方既安排了专家学者的主题讲座，也安排了榜样种子教师的教育叙事。报告结束后开展的深耕沙龙，让与会种子教师与专家面对面地交流，立足实际问题，有理论奠基，有方法路径，有思想碰撞，让参会教师顿悟展颜。

我们宜阳县城关镇第一初级中学和东街学校有幸加入了新教育种子计划首批基地学校的行列。

相信种子，相信新教育！

专家讲座风格迥异：吴重涵教授从理论引领入手，高屋建瓴讲解家校共育的理念和操作指南；殷飞教授则对家校共育的现状进行了分析，幽默风趣，激情飞扬，入情入理又新颖有效，尤其对农村留守儿童家校共育问题有深入独到的见解。

新一天的学习培训从晨诵开始！

童喜喜老师先为大家诵读了自己创作的诗歌《你的好，我知道》，然后又带领全体种子教师合诵，肃立的姿态、有力的声音、专注的眼神、虔诚的表情、一问一答的形式，把大家的心紧紧拉进了诗中。晨诵的力量如此神奇！试想：我们的学生，我们的课堂，在日日的晨诵中将会濡染多少诗意的心灵！

童喜喜老师的讲座全是家校共育的招数，用朱永新老师的说法：做，就对了！

新父母叙事又从家长的角度呈现了家校共育中家长是如何和孩子一起成长的，让我们看到了家校共育彼岸幸福的模样！

种子教师的叙事更具感染力！老师们能感同身受地见证同事是如何带着学生过一种幸福完整的教育生活的！

人称"飓风"的郭明晓老师带来的《家校共育促进孩子自主学习》，让我们明白了家校共育如何在教室里发生，她自如有效的做法给与会老师们指明了家校共育的路径。

儿童教育研究专家孙云晓作了《好习惯成就我的一生》的专题报告。他从自己的成长经历说起，小时候给伙伴们讲故事让他的口吃不治自愈，那份成就感也让他越来越自信。在亲切的叙事中，他讲了自己受益一生的三个好习惯：阅读、写作、演讲。

8月18日晚上，主办方还安排了一场种子教师研训营的萤火诗会，有提前报名的，有临时报名的，而韩仁英一行四人则是听课后怀着激动感慨的心情参与的。

学习不仅仅局限在会场，龙源双语学校也是一本活教材！

学习已经结束，我们的思绪还在跟着新教育飞扬。一幕幕回放，一遍遍述说，加深印记，坚定信心，重温理念，梳理方法，交流感受，明确做法。三天的学习让我们满载星辉，期待在新学期里斑斓放歌！

8月29日：每一个人的背后都站着一群人

1

一个星期飞快地过去了。

这一个星期的事务真是紧锣密鼓。

最感人的是萤火虫亲子共读南和分站的暑期共读活动。一个国家级贫困县，因为站长王素平老师的推动，在这一个暑期产生了近2000位"百万富翁"（阅读百万字以上）的孩子们。也是这个分站，在过去的一年中做了1400多场完全免费的线下公益活动。这件事让我再一次思考萤火虫亲子共读项目的推进方法。

但是，我还来不及把精力投入所有萤火虫项目上，还是得一个个地来。

因为最忙碌的是种子基地学校的工作，开学在即，千头万绪。

最重要的事情是"《新教育晨诵》指导课程"的上线——这也是种子基地学校工作的一部分。

其实，"《新教育晨诵》指导课程"是五个月之前就应该完成的事了。第1批课程是3月13日就已经录好的。

但这5个月中发生了太多的事——没想到在准备接着安排下面的工作时，张勇突然去世了。自从他于3月25日深夜（或26日凌晨）去世，整个世界就变得一言难尽起来，我再也没有太多耐心空耗我的时间和精力，对许多人与事都以简单粗暴的方式进行了断。

无论如何，这样一套课程的上线是我长久以来的一个心愿。我本来准备等所有的文字和语音都整理好之后再上线，但仍然还是等不及，就在28日15：00上线了。29日已经有了近1500人收听，许多老师留下了听后感言。

新教育晨诵和其他传统晨诵的不同之处在于，它能够让老师、学生，甚至学生父母收获幸福。

相信随着这样一套音频课程的推出，其中内涵将得到不断的传播，会让更多人真正了解新教育晨诵。

2

既然说到晨诵工作，不如这个星期再记录一件与晨诵相关的事情吧。

这个暑假，《新教育晨诵》上册的PPT课件制作工作进行着。

在暑假开始的时候，种子计划执行长王元磊大哥在种子计划群里留言，邀请大家来做义工，义务制作《新教育晨诵》的课件。有一位老师主动请缨，接下了《新教育晨诵》五年级上册的课件制作工作。

但是，谁也没有想到这位老师会独自完成五年级上册一共112首诗的课件制作工作。

王元磊大哥在了解情况时，这位老师说：

朋友吐槽："一个人完成一册晨诵PPT制作，你居然接这样的任务，怎么想的呀？"这事，是挺莽撞的，呵呵。首先得感谢发布任务的领导信任。然后要隆重感谢协助我完成PPT的两位小伙伴。我一个人领任务，其实有两人帮我分担，两位美丽的小仙女帮了我很多忙。今天终于完成任务了，制作过程中我的鼠标手、老腰备受折磨；也因为能耐不够大，在大量寻找、编辑匹配的图和考量"思"的部分时内心很是煎熬……所以啊，现在心情很美丽！

然后，王元磊大哥问我："你之前是不是认识这位老师？"

我没吭声。

我当然认识她：苍南的刘肖春老师。

十年前，也是这样的夏天，我在第一次接触新教育实验，参加2009年新教育年会的时候认识了她。我还记得，那一年的她站在年会的讲台上，穿着一件明黄的连衣裙，娇俏得像朵迎春花，笑容明媚。

在2009年之后，我曾经两次去苍南，她都来跟我见了面。

2010年夏，我去苍南采访新教育人，见到了她。

2018年，出版社组织"作家进校园"活动，派我去苍南签售。我不仅没有和当地任何新教育人联系，而且没有告诉任何新教育的朋友。

刘肖春老师当时已经是苍南一所学校的老师，她不知从哪里得知了信息，专程来找我。

王元磊大哥与刘肖春老师聊天截图

她的微信头像，就是她的儿子拿着我签名的图书。

这一次在王元磊大哥的询问下，她把我在十年前签名图书的照片发给了王元磊。

……………

看着王元磊发来的照片，我什么都没说。

刘肖春老师的网名叫：孩子的春天。

我去了苍南两次，也两次为她在书上签了名。

如果只是签名，这不过是我千千万万签名中的一部分。但当这签名和具体的一个人、一件事、一段时光相联系，却显得如此不同。

为刘肖春老师的两次图书签名

3

我们的《新教育晨诵》课件，马上就可以免费赠送给所有人，直接投入使用了。

谁能想到在背后付出的，是这样的一群人呢？

没有伟大的人，只有伟大的事——我一直这样说。这一次，难道不是再一次被验证了吗？

因为我们的力量：

于是，有了《新教育晨诵》这么大一套书，而且还将稿费100%捐赠给公益项目；

于是，有了《新教育晨诵》这么一系列的PPT课件，而且每位老师都可以轻松使用；

于是，有了《新教育晨诵》教学指导音频课，而且每一位老师哪怕远隔千山万水也能轻松得到相关指导，人们真正可以因为诗歌变得幸福了……

我们虽然都是非常渺小的个体，但是我们做出来的难道不是一件非常伟大的事吗？

4

在和我联系的人之中，刘肖春老师是和我联系得很少的一位老师。

可是，谁又和我联系得多呢？

仔细想一想，的确没有太多人和我有很多联系。毕竟仅仅在我的微信里，就有几千位老师。每时每刻都有可能会出现一位老师，或者问我一些问题，激发我去思考；或者留给我一些感言，带给我一份感动……

真正和我联系多的，只是团队之中最核心的几位伙伴。

就像今天中午，我拍下了一张飓风半靠在沙发上，把笔记本电脑搁在腿上工作，累得突然睡着了的照片。

种子计划自从2010年11月29日诞生以来，之所以能够不断地成长，就是因为有这样的人。

不是一个，而是一群。

就像现在的种子计划项目助理唐萍老师……

就像刚刚上任的种子学校项目负责人薛志芳校长……

悄无声息中，缘分真的像一根丝线。

5

2018年在韩国参观的时候，我曾经特意拍下一张纪念墙的照片。在那面墙上，有很多名字。

2014年做"新孩子乡村阅读公益行"项目的时候，我就在机场拍过一张照片。那是一个广告，广告上的照片中有很多人。

我一直想做的，其实也许并不叫新教育实验，而是一件有意义的事——

它是每个人真正乐于从事的一件事。

也许它不是本职工作，但它一定是每个人的真心选择。

每个人都以从事这件事为傲。

每个人都在这件事上，满心喜悦地为他人付出。

每个人都在忘我地劳作着，绝不叫苦。

每个人做事的时候，背后都站着一群人。

是的，每一个人的背后，都有一群人的智慧、一群人的力量。

这样的事，才是我心目中有意义的事。

或许，它准确的名称应该叫：公益。只不过是巧合，为了真正帮助一线的教育工作者解决问题，我才投入研究之中，不知不觉走得太远。

我可以确信，终归有一天，我会把为我做过义工的所有人的照片都收集到。

我还没有想好要怎么做，但我一定可以把这些照片制作成一个特别的纪念品。

当心灵陷入漫漫长夜之中的时候，是这样的一些人，是这样的一些光芒，照亮了夜空。

9月5日：幸福纵然只是碎片，每一片也都闪耀光芒

1

《新教育晨诵》教学指导课上线后，已有3100人收听。

《新教育晨诵》课件也开始赠送，大家纷纷用了起来，表示好开心！

其实我更开心——我这个不是教育界的人，终于知道了什么是教师最需要的！

接下去，我要把我的这些义务从事相关工作的伙伴们，从姓名到照片全部整理记录在册，永远铭记！

晨诵课件反馈截图

晨诵课件反馈截图

2

截至2019年8月31日：

4344位老师，不足两年，不计其数的笔记（洛阳陈洁老师一次写下近15000字），荣获"中国好教育——助力热心公益项目"奖。

这是"喜阅教师公益行动"的答卷。

2017年9月10日开始招募，10月18日开始第一讲，马上就到两年了呢。

其实，遇到这样一群好学的老师、上进的伙伴，我一次次地被感动、被鼓舞着。

教师幸福，教育才能完整、幸福。

3

截至今天中午，薛志芳校长宣布，有96所种子学校提交工作计划，根据项目组提供的资源、提出的标准，结合各校的实际情况，制定了推进方案。

我连忙紧跟他的脚步，深情款款（"落井下石"）地表白道——

新教育种子计划，可能和其他公益项目不太一样。

我们为人轻松、活泼，插科打诨无所顾忌，

工作团结、严格，自律为先，互相学习。

两年前种子教师培训规模小，只有少量名额对外提供时，培训中我全程在场，对打瞌睡的老师拍照"留念"。

现在我已经宽松多啦。

我和团队伙伴，无比珍爱大家的时间（生命），无比珍重大家的信任，无比珍惜当下的行动。

否则，我们没必要在种子学校上花时间。

这是我们第一次记录负面名单。

接下去，我们的工作还将继续。相信每一所学校都会更好！

希望我们继续同心同行，共同把事情做好！

我说完之后，有一些学校害羞地继续提交方案……也不知道他们有没有伤心……

另据不完全统计，有20所学校举办项目启动仪式，还有学校，比如，广州市水荫路小学，正在筹备盛大的启动仪式。

水荫路小学"新教育种子基地学校"启动仪式
暨新教育种子老师聘任会

1. 新教育诵读诗
2. 教育局陈晓副局长讲话
3. 钟顺柳校长讲话
4. 项目介绍
  1）老师成长　　　　　　主讲人：杨苑芳副校长
  2）新父母学校　　　　　　主讲人：陈红副校长
  3）新教育晨诵　　　　　　主讲人：林竹君科长
  4）萤火共读　　　　　　　主讲人：周剑虹科长
  5）新孩子教室　　　　　　主讲人：吴晓珊老师
  6）优秀朗（演）读者　　　主讲人：贾佳老师
5. 种子教师聘任
6. 家长代表发言
7. 与领导合影留念
8. 各项目组召开种子教师会议

水荫路小学项目启动仪式流程

所以，这个星期，我除了做说写基地学校的工作，就是做种子基地学校的工作。

有一天我整整说了一天，说得我的脑袋嗡嗡作响。

真是要把我累吐血了……

但我不能吐血。事情越多，我就越告诉自己：没事儿，不急，反正也急不来。

4

有一个喜讯，微信朋友圈还在审核无法发出……

我就在下面发截图啦。

朋友圈截图（喜讯）

我们都是热爱祖国的好孩子。

我们都是希望祖国经济更加繁荣、更加富强、人民幸福安康的新孩子呀。

5

今天，2019年9月7日，"说写课程"立项为福建省教育科学"十三五"规划2019年度课题。课题《小学说写课程实践与研究》主持人、滨城小学林加进校长不仅带领全校积极推进说写课程，更是全国第一位亲自上说写课的校长。自2017年11月开始，他一上再上，自得其乐。

上课的林加进校长

林加进校长为他的名师工作室成员赠送《读写之间说为桥》一书

　　我在微信群发了这条信息，内黄县第七实验小学（简称"七实小"）副校长柴红在群里大喊三声：

　　内黄县七实小省级数学课题："说写课程在数学课堂中的实践研究"已经立项了。

　　手头没有立项表，连金义校长是主持人。

　　马上就结项了。

　　6月6日（三个月前），"说写课程在数学课堂中的实践研究"立项为河南省教育科学"十三五"规划2019年度课题。该课题主持人连金义校长带领的内黄县七实小是全国第一所说写基地学校。连金义校长陪伴我历经萤火虫、新孩子、说写课程……我见证他率领该校从零起步，成长为近5000师生的当地名校……同心同行，心心相印。

河南省教育科学规划领导小组办公室

河南省教育科学"十三五"规划
2019年度一般课题立项通知书

内黄县第七实验小学　　　连金义　同志：

您申报的课题，已经《河南省教育厅关于公布河南省教育科学"十三五"规划2019年度一般课题立项名单》（教教科〔2019〕402号）发文立项。

课题名称：说写课程在小学数学课堂中的实践研究

课题编号：〔2019〕-JKGHYB-0950

根据《河南省教育科学规划课题管理与成果评奖暂行办法》有关规定，接受立项后的《河南省教育科学"十三五"规划一般课题申请评审书》即为有约束力的协议，您及所在单位须承担相应责任并执行以下规定：

1.接此通知书后，请在三个月内组织开题，并将开题报告及时发送至：hnsjkcg@163.com，中期报告、结项报告请按照各自研究计划，依据结项要求陆续报送。联系电话：0371-65900037。

2.研究如有变更事宜均须报我办批准，公开发表课题成果须注明"河南省教科规划一般课题+课题名称+批准号"等；课题组不得利用课题名义从事任何营利性活动。

3.课题研究时限按申报文件执行，最迟不得超过三年，逾期撤项。

若对以上规定不接受，请来函说明，经我办审核批准后立项协议自行废止。

河南省教育科学规划领导小组办公室

2019年6月6日

河南省教育科学"十三五"规划2019年度一般课题立项通知书

连金义校长有着典型的"长兄为父"的性格，一直担心我哪天会"夭折"。他和我商定主题后，6月，课题就正式立项了。我们在诸城还见了一面，但是他当时什么也没说。如果今天不是亲爱的柴红老师告诉我，我还会一直被蒙在鼓里……

连金义校长和管理团队　　　　　　　　连金义校长和我

6

9月1日，飓风对我说："真正喜欢你的人，肯定会买你的书。"

我觉得太有道理了。

我的书，从文学到教育，孩子、老师、父母，无所不有，几乎每一本都获奖，为什么不读呢？

今后，谁说喜欢我很久了，我就问："读过我的什么书？"谁说喜欢上我了，我就问："想读我的哪些书？"骗我的人就立刻暴露了——解决了我的一个人生大难题。

一周的笔记，简单地就记到这里。

关于说写课程，我看见孩子们对60秒说写挑战班的感受，和一直跟随孩子上课的父母介绍的父母……秋季班报名人数越来越多，我深受感动。

其实有太多八卦，但是没法说，也就不记啦。

对读到这里的您啊，问一个问题："您读过我的哪些书呢？"

9月12日：每个幸运的人，都有一个地方存放柔软的心

1

早就知道刚刚开学的这一周事情多，却还是没想到事情多成这样。

刚刚过去的一周，最值得纪念的是9月10日，说写基地学校项目正式启动：小学1~6年级分年级儿童说写课程全面上线。

晚上，我专门挤出时间在网络上抒了抒情：敬爱的校长们，我们以实际行动，向满怀信任、勇气与担当的你们致敬！亲爱的伙伴们，世事喧嚣中，我以和你们同行为傲！毫无疑问，时间即将验证我预言的奇迹。更重要的是，我们可以同享每一个今天。

没有几个人知道，这，意味着什么。

就拿通俗易懂的衡量标准——金钱来举个例子吧。

说写基地学校项目组的副组长来自第一批说写基地学校。该副组长也是这所学校的副校长。他们学校为这个项目缴了费，同时她又免费来帮我处理一切杂务。

她的原话是："喜喜，我们能帮的就是节省你的时间，让你做更大更好更有意义的事！当然，偶尔也要做些更好玩、更有趣、更调皮捣蛋的事。爱喜喜，一定尽全力！"

历经风雨，我最大的成长是知道了如何安放这些倔强的温柔。

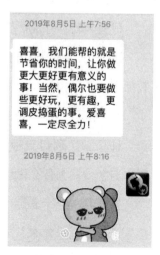

副组长和我的聊天记录

曾经，我的确不知道。我不知道世俗社会是怎样的，也就不知道宝贝们的好。

别跟我谈钱。真的。如果谈钱，我早就不玩这个了。

2

这一周，我在教师节那天写了一篇短文《老师，您不应该坚强》。

有老师说："热泪盈眶……"

有老师说："今天是教师节，然而我今天得了面瘫……刚刚读了你发到朋友圈里的文字，流下了眼泪……"

有时候，我不知道我写这些"废话"的意义在哪里。我痛恨所有烦琐无趣的事务，想到我在这上面耗费着生命就满腔怒火。我有无穷无尽的可写成文学作品的题材。

但是，有的时候，比如，看见这样的留言时，我知道，我的话是有温度的。我就柔软了下来，再埋头下去，默默地做着能做的事。

只有柔软，才能拥抱。

这一周，《教师月刊》的林茶居主编向我约稿，命题作文：《从种子教师到种子学校》。

我答应了，却不知哪天能够完成。这实在是过于漫长的一段旅程。

种子学校项目启程后，我的确常常想起最初出发的时间——2010年。当初，我为什么做种子教师？

因为我去一个偏远山区看一位一线老师，当我离开后，这位老师写信告诉我她几十年来从未对任何人说过的心事。

在生活奔涌不息的洪流里，在其他人跟跟跄跄的时候，伸出手，拉扯一把，拥抱一下。这并不需要牺牲。只需要伸出手。

其实，我们每个人都有这样的力量。无论是父母，还是老师。

而且，我越来越明白我所需要的力量来自哪里——你们不觉得，是孩子在以炽热救赎成人吗？孩子的，孩子式的，只有这样的感情，人类才够用。

3

种子学校项目和种子教师不一样。这个星期，陆续有学校继续着启动仪式，继续提交工作方案（找我哭诉：我们只是为了好好推敲，结果错过了提交的时间，怎么办……）。

最让我感慨的是广州市水荫路小学，他们举办了隆重的启动仪式。

远隔千里，我似乎能够看见那一群人，能够看见那一年的我自己。

2017年1月。外婆去世，灵魂的转折。我无法忘记当时每一个人的反应，就像昨天。钟顺柳校长给我的温暖，是我应该永远铭记的一种力量。

种子学校项目尽管同样遭遇了专业人员精力上的抓狂，但在整体推进速度上比我预想的迅速得多，顺利得多。

这是我没想到的：从薛志芳校长管理的铁面无情到思考的层层递进，从基地学校的迅速启动到整体落实……

"我们虽然没有多媒体，但是大家用行动让家长看到我们农村幼师对教育的热情。天色已黑，大家还在为了明天的启动仪式练习朗读朱永新老师的《新教育的种子》。"这是汝阳启智幼儿园史玲杰老师的留言。

"在我们这块教育贫瘠的土地上，很多次，我们都想放弃，尤其是看着我们的幼师走了一个又一个的时候……可是看到一个又一个渴望

汝阳启智幼儿园为启动仪式做准备

汝阳启智幼儿园教师在操场练习朗读

2011年秋操场签名

帮助的老人扯着孩子拉着我的手说孩子交给你我放心时，我就想着无论多难，都要往下走……就这样，坚持了三年……更有幸的是，我们学校在全国这么多学校中被选定为第一届'新教育基地学校'，更加点燃了我的农村教育梦……心为火种，生生不息，未来的路上，我们同心同行，撸起袖子加油干……"

看着这些照片，我第一时间想起的是2011年秋我在河南的签售。在向父母讲完阅读的价值意义后，父母们疯狂地追着我买书，追问……在深秋傍晚已经漆黑的操场上，父母们用手机照亮，要我为他们的孩子签名……是感受到了那样父母们的焦灼与疯狂，我才开启了萤火虫的义工生活。

疯狂，总是相似的。加上智慧，这疯狂就是无价之宝。

4

在新教育教师成长理论中，专业发展的第三条是"专业交往"。

这一条，我们可以做到。

为了做到这一条，我们请来了来自英国、美国的两位实证研究专家，过去的这一周，他们的基本工作已经准备就绪。我已经被英国的施老师催促几次了……

我们愿意，我们已经可以，成为一处安放柔软的心的地方——这样的地方，提供着情感的温暖，更提供着智慧的力量。

毫无疑问，我们将做得更好。亲爱的伙伴，中秋快乐！这一切，都是为了每一个家庭都能幸福。

因为，我笃信，我们的相遇，是彼此的幸运。

9月19日：犹如故人归

1

今天早上，我是急醒的。

这样说真的一点儿都不夸张，我确实是急醒的：凌晨1:30才睡，到了早晨5:50突然自然醒，睡了4个多小时，一点儿睡意都没有。脑海里呼啦一下涌上的全都是堆住的事情。

这种感觉，也是一种高峰体验吧……

2

上周五，中秋节，苏祥林校长在校长群里说："童老师的假期的确是'假期'。"我痛快地回答他："只要不伤心，做啥都是玩儿！"

真的很好玩儿。

中秋节那天正好遇到说写班秋季课程上线。晚上8:00，全国各地的伙伴们"敲锣打鼓"地在一起说话，康康美儿主持，又是闹腾一番，直到深夜。

中秋节那一天，我也是5点刚过就爬起来工作。整个中秋节，杨方超、代金阳、飓风、清秋全部待命，又抓来内蒙古的说写小明星马冬慧来帮我配音。

可怜的杨方超，连恋爱都没去谈，一大早就陪我干活，还被我取乐——

杨方超问一句："开场语和结束语有没有呀？"

我就回答她："请呼唤你的脑子！"

她问："用以前的？"

我说："说写基地学校的一套是统一的。"

她说："明白了。"

我赶紧回答："恭喜你！脑子回归！"

气得杨方超直发"怄火"的表情。

3

这一周，做了太多基础性的工作。

首先是种子学校项目的各项制度设计，还在继续讨论和深入。

每一天，种子学校都在群里发出大量的新闻。看着一两百所学校每天滚动的那些新闻，我心里既兴奋又惶恐。如何把种子学校真正像当初做种子教师一样做起来？这是一个挑战！

事隔十年，唯一令我感到欣慰的是，现在我学会了"擒贼先擒王"，没事就抓着种子学校负责人薛志芳问他准备得怎么样。更让我欣慰的是，基本上不用我抓，薛志芳校长隔三差五就会自己跳出来，提供一些他反复思考的方案。

周一晚上，我和薛志芳校长语音交流时信号有问题，于是换电话，从车上一直谈到车下，一直说到晚上近11:30，才彼此道晚安……我希望他梦中常有种子学校……

别说种子学校，即使在我们建立的培训群里，也有可爱的老师继续更新后续的详情呢。

另外一个基础性的工作，就是制定《义工自治条例》。

这个制度，我从去年暑期到苏州，和我的大宝贝苏州萤火虫站站长顾舟群及苏州萤火虫团队交流时就开始思考了。到11月，我已经和伙伴们正式磋商多次。到12月，已经请贤内助李老师反复推敲拿出了六稿，就在准备实施的时候，我又犹豫了。就这样犹犹豫豫，反反复复，它终于还是在2019年9月16日问世，在9月17日发布了。

有时候自己都觉得很可笑：是不是自己把这一切太当真了？这只是一个自说自话的条例而已。这个世界上，朝令夕改的事那么多，我有什么需要坚持的呢？

但是，我就是无法说服自己。就像十年前我走进新教育的那个7月，我在教育在线论坛上说过的那个比喻一样："我就准备做那个在沙滩上堆砌城堡的孩子，明知最后潮水会带走一切，可是，在我堆砌的时候，依然会全神贯注，全力以赴。"

紧接着的18日，是"童喜喜说写课程"百万巡讲招募启事正式公布。

这件事就更荒诞了……巡讲从2017年12月就已经在进行了，但是一直处于各种纠结之中。我的心好累，总是到了实在没办法拒绝别人邀约的时候才跑去讲一讲，所以到现在一共才给十几万人讲了。

这一次终于重新开始，又是一次玩儿，有着更为清澈的心情。发布通知后，一夜之间有44个区域和学校报名。我和几位天南地北的师友交流，他们说的都是：快来啦！快来啦！

和"新孩子乡村阅读公益行"的出征相比，这一次实在轻松愉快，我想到的根本不是即将做什么巡讲，而是久别再相逢——我又回来啦！

"与君初相识，犹如故人归"，相知已十载，却问又何如？

说写基地学校的工作也在悄悄发酵。比如，米仓山小学的侯万明校长就得到了向荣贵局长的热烈表扬。

这些工作的效果好嘛，当然能得到表扬。

问题只是在于，狂飙突进和留住小命之间，我得为自己也为团队有一个权衡……毕竟这个星期想起了死去的朋友，我又哭了两场，每哭一场，就头

侯万明校长与向荣贵局长的聊天记录

痛整个半天，不能有效工作。

现在堆成一团的仍然是会务工作，尤其是正在推进的领读者大会。我撤退之后，只是策划了，但还是有各种细节，很烦琐。

如果不是亲自深入这种会务组织活动之中，我很难想象组织这样一场会务会有多少麻烦事。我又想起张勇说过的：做萤火虫的事务，能够磨灭我身上看不见的浮躁。回望过去，最大的改变是我从一个喜怒全由我的混世魔王、绝对的自由主义个体，变成了一个了解群体工作艰难，懂得理解他人的人。

我越来越清晰地从教育的角度看见：组织一次会议，不是为了收割，甚至不是为了见证，而是为了汇聚。一次又一次的相见，如何能够真正地做到对参会者有用？如何让火花点燃？如何有更多后续的柴火添加？这些是特别值得思考的问题。

现在最棒的是，王元磊大哥已经完全接过了重担，把一切安排得井井有条！

一个人忙，是心之亡。一群人忙，是另一种心之亡——开心得要死啦！

4

这个星期，再一次开始了种子计划、萤火虫项目、喜阅教师几个项目的招募。我分头告诉几位负责人：不急！

是的，不急！

前天23:30，我和陈刚校长还在用邮件你来我往好几个回合谈一件事情。我本来以为那件事最多三年，可能两年，也可能一年就够了呢，没想到一说就是五年！

我惨叫一声，在邮件里大喊："五年后我还不知道我是否健在呢……"

现在越来越觉得，文学和教育不一样。在教育界，五年弹指一挥间，而且感觉根本做不了多少事。在文学界，一本书六天就写完了，坚持专心写五年？简直不敢想象。

最近，我常常因为发现文学和教育的差异而感到疑惑：十年前，我怎么会觉得文学和教育是那么相似，从而付出那样的热情呢？我对自己真是感到不可思议。再一想，也许这正说明我现在到了第二个境界。第一个境界是"见山是山，见水是水"。现在的我是"见山不是山，见水不是水"……也许有一天我会抵达"见山仍是山，见水仍是水"的境界吧！

好在这一条路上，总是有一群"奇怪"的人和我在一起，有时候想想他们对我的种种宠爱，甚至是无来由的信任，真的让我开心得有点儿惭愧。

希望我能够在接下去的日子里，真正地用一些好的成果来让这些人、让更多人收获幸福。

5

这个星期最遗憾的事情就是，"新孩子"系列的出版一拖再拖。因为我实在没有精力去推进，估计它只能在10月和读者见面了。

但是，就在此刻，"新孩子"系列得到了一位我敬重的老师的疯狂赞美……简直就像老天爷要给我留个光明的尾巴！

这个星期，我新交了一位小朋友。今天凌晨，我刚刚拍到这位小可爱——从窗户缝隙中探出头的小老鼠！

最近几天，我经常不小心就过了零点才睡，这个小家伙，一直在忙忙碌碌地跑来跑去陪着我呢。

10月1日：好事也就是好玩的事

1

"喜阅火种周记"写到第6周，我终于"开天窗"了。但是，"开天窗"不等于会赖账。今天把第6周补起来。

从9月20日补到今天——今天是你的生日，我的祖国。衷心祝福我的祖国，国泰民安，稳步向前！

2

9月26日下午，在西安举行了国际儿童读物联盟（IBBY）亚洲大洋洲地区会议新阅读分论坛。

在会议上，我也作了发言。

关键是，这是我人生中第二次写演讲稿。第一次是在"阅读的力量"新教育成都国际高峰论坛的发言。我习惯了演讲就得先写稿，所以演讲稿写得痛不欲生，最后也没精力做PPT了，就那么凑合地发了一次言……

9月27日上午，也是在西安，举行了"中国阅读三十人论坛"启动仪式。

这是一个跨领域的高端学术团体、非营利性民间独立智库。非常开心能与聂震宁、朱永新、邬书林、梅子涵、张明舟、窦桂梅、王林、王志庚等老师共同发起这个论坛。

第一届论坛成员还有韦力、王余光、王京生、王巍、白岩松、李文、杨佳、张杏如、周竞、赵丽宏、俞敏洪、郭英剑、徐雁、曹文轩、魏玉山。在启动仪式上，所有成员都以视频方式发表了自己的阅读宣言。

非常期待"中国阅读三十人论坛"为推动全民阅读做出切实贡献。

因为，自主阅读就是自我教育。

在活动中，我和聂震宁、朱永新、邬书林、梅子涵、杨佳、窦桂梅等老师共同参加了启动仪式的现场沙龙。

因为小伙伴的工作出了点儿小意外，我连夜只断断续续睡了两个小时，所以沙龙发言环节，我的脑子嗡嗡直响，一直没想好说什么。等杨佳老师说到"阅读，能让丑小鸭变成白天鹅"时启发了我，我才那么勉强地发了一次言……

2019领读者大会宣传照

9月27日至28日，还是在西安，举办了"2019领读者大会"。

梅子涵、朱永新、窦桂梅、杨佳、李西西、郭明晓等中国专家、老师与来自南非、俄罗斯、尼泊尔、韩国、特立尼达和多巴哥、日本6个国家的儿童阅读专家，共同以"儿童阅读与世界未来"为主题，进行了研讨。

9月29日，仍然在西安，举办了"全国新教育种子计划基地学校专题培训"。

新阅读研究所常务副所长、种子计划首席专家飓风（郭明晓）先献上新教育晨诵，又献上《书香校园建设》讲座。

我结合新教育历史，以新教育"十大行动"为切入点，做了新教育特色通识讲座。

新教育种子学校项目负责人薛志芳校长从种子学校项目管理的角度，做了管理与发展的讲座。

唔，就是这样，连续四场大会。我一边开心到要飞起，一边疲惫到差点儿趴下。

一边是：

一边是：

特别为新阅读研究所创办人朱永新老师、所长梅子涵老师和新阅读伙伴们的操劳而感动。

特别为西安的20位萤火虫义工助力而感动。

特别为西安的黄奎峰老师相助而感动。

特别为西安高新第一小学的承办而感动。

让我感动的人，真的很多很多。

因为，一次会议的幕后有着怎样的操劳，是没有办会经历的人想象不到的。

3

22日，几个项目的义工招募结束。

看到申请者的资料，我非常开心、非常激动，相信会迎来新的精彩。

于是，我和不同组的义工又是一番嘀咕。内容不足为外人道，但是我真的好开心。

4

在这十天中最令我感动的，当然是借这次会议和天南海北的大家们相见。

许多参会者对本次会议、对新阅读研究所团队的夸奖，等我整理它，配了图，再慢慢说。

老规矩：先说八卦。

安康的"神秘老大"程怀泉带来了两大群人来参会，他不但亲自开车来，还把自己的车变成了会务组用车……

来自牡丹江的英华说，我讲座里的一句话让她哭了五分钟（当时我都看见了，她坐在第一排，我还奇怪了好一会儿）……

洛阳的桂晓兵说，他是体育出身，要把学校打造为全国名校，现在已经初见眉目。他要我到他的学校去，说如果我不去，他就失信于学校的老师了（我之前也没有答应过他呀……）。我大呼小叫："奚亚英校长就是您的榜样啊！肯定行的！"

江西的李乐明说，无论如何我要到他那里去，帮他点燃、燃烧！

南昌芳草学校校长刘海华、副校长熊九员加上一大群年轻老师，浩浩荡荡地赶来开会。他们的学校是说写基地学校，也是我特别想去的学校。这是一所极富吸引力的年轻学校，9月刚进学校的年轻老师一边走着，一边信口创作出了芳草学校教师招募广告词："要考就考第一名！想考第一就来芳草！"

会议结束后，突然跳出来10位青岛三里河小学的老师，说："我们青岛规定校长最近不能外出，所以派我们来，我们快合影！"我乖乖合影。再过一天，我的微信上跳出一个人，我一看是种子基地学校的，就加了；又一看对方的网名是"光影童年"，就发了拥抱的表情。结果，对方给我发来了十人的合影照片，自报家门说："我是青岛三里河小学的校长徐明森！"（我觉得网名叫"光影童年"的校长一定是好校长！）

…………

每一周，都有很多有趣的事发生。

我最得意的是，我和南昌芳草学校的刘海华校长争论大麦老师有没有换学校。大麦老师也和刘海华校长一样都在南昌，而且刘海华校长也认识她；不过，大麦老师是喜阅教师和种子教师，所以，当然（又）是我赢了。

这十天睡眠很少。其中有三天的睡眠时间加起来还不到十个小时。

没办法，做事和写作不同。写作可以按部就班，做事就是会有突发情况。所以，做事才刺激，才好玩儿。

这一次也有人问我，为什么你不觉得累啊？

我就假装文雅地一笑。

（我不好意思回答：因为好玩儿啊……我是把玩QQ农场的劲头都用到了喜阅火种之中呢……）

没有坏人，只有坏事。

多做一些好事，好事也就是好玩的事啦。我们开开心心地在一起，未来才会欢欢喜喜。

10月5日：哪怕别离，这也是一切

从西安的"2019领读者大会&前后四会"归来，就马上进入了国庆。但是，大伙儿并没有因为假期停止蹦跶。

在"2019领读者大会"的微信群里，有许多感人的文章逐一浮出水面。

9月30日，会务组发布了参会有奖征文。

10月1日，听取来自天南海北的人民群众的广泛呼声，种子学校的长期招募文件正式下发。

10月4日，"说写网络儿童班"继续上线新课。

10月4日，洛阳桂晓兵校长给我发来了一篇《如果给我一所学校》。9月29日开会时，他说听了我读的《如果给我一间教室》后，就想要写一首诗，没想到真的写出来了。他要我点评，我说："铿锵有力！明亮积极！"只是他用的PPT来不及在这里分享。

10月5日，在南昌芳草学校副校长熊九员明确告知说写基地学校本周五休息，没有新课上线之后，五年级说写群里不知是哪个说写基地学校的"胡研奶奶"上传了孩子洋洋洒洒的1500字的说写文章《国庆》。

细碎的开心，就像被树叶筛过的阳光。今后我会把更多人的声音和大家分享。

就从西安会议结束后，第一个给我发来参会感言的王娅莉老师开始吧。她写道——

"心为火种，生生不息"，多么坚定的誓言。

一个人的生活中，没有了书籍，没有了诗歌，是寂寞的。一个教师的生活中没有了梦想，没有了青春的心跳，是可怕的。教师，是最不能颓废和衰老的群体，教师失去天真和热情，整个社会都会失去天真和热情。天真与想象，推动着文明进程；梦想和理性，完成了思想革命。

我们不能忽视，历史上所有的重大变革都是由一群充满天真与热情的人去完成的。我们也不能忘记，世界文明开端于诗意的想象与幽默的表述。无论是《诗经》还是《荷马史诗》，都贯穿两种思想——民众的呼吁和英雄的激情。无论是《孟子》还是《堂吉诃德》，都传达了一个信念——人该以仁爱的情怀、骑士的精神存活于世间。

10月10日：流水的岁月里，留下的沙粒才是自己

这一周，有5句话要说。

1. 今天，10月10日，"新教育萤火虫亲子共读"公益项目新一届项目组成员任命通知正式发布。

2. 今天，10月10日，喜阅教师公益行动总第48期（秋冬季第1期）说写叙事分享，于20:00在各微信群进行。截至今天，喜阅教师数量为4449人。

3. 今天，10月10日，新教育种子学校项目第一届项目组成员分工落实。

4. 前天，10月8日，"中国阅读三十人论坛"微信公众号正式上线使用。第一篇文章阅读量2326人，关注人数454位。

5. 再过一周，就要到10月18日了。

喜阅教师公益行动叙事分享宣传

10月17日：铭记应该记住的，悲伤也是一种幸福

是不是以为我没时间写了呢？错啦，我又来了。

1. 10月11日，星期五，"新教育萤火虫亲子共读"公益项目新的

LOGO 诞生了。萤火虫项目组的小伙伴们开始筹备八周年庆典。

2. 10月15日，星期二，种子学校项目组人员全部到位。这真是太棒了！

3. 10月16日，星期三，"新孩子喜阅说写教室"的赠书名单、地址全部整理完毕，可以正式启动了。这一次是采用官方民间联动、精神物质结合的培育方式，希望能够让一线教师更从容、更积极地成长为榜样教师。不知道效果如何呢……非常期待。

4. 今天，星期四，我气吞山河，把说写基地学校一年级上学期的故事说写课一口气全部录完了……虽然累到要吐血，但是，心花怒放啊！集中时间做一件事，效率最高。

这一周，最浪费时间的是12日、13日。我用两天时间协助整理一份公益项目资料——还仅仅是协助而已。这种事务，对项目而言是最重要的，对我而言是最浪费时间的。想起一句广告词：时光应该浪费在美好的事物上。

对我而言，时光是浪费在了……对他人重要的事务上……

5. 明天，就是10月18日了。还记得这是什么日子吗？我一刻也没有忘记过。四年了。四年一瞬，天上人间。如果铭记了应该记住的，悲伤也是一种幸福。

10月27日：生活写作间的悖论
——越是迟到的文章可能越意味着格外精彩的生活

1

这一周，"童雷锋"很疯狂，一口气录完了说写基地学校这一学期剩下的全部音频课。

录得我"老人家"脑袋嗡嗡直响，大气不敢出一口。

但是我非常开心。

一是，高强度工作检验了我的说写能力。

二是，身体经受住了考验，提高了我的"发音自信心"。

三是，在外录音不便，这为接下来的出差扫清了障碍。

2

这一周，更"雷锋"的是小伙伴们。

自从我深刻反省了我的错误之后，各个项目组都在以"嗖嗖嗖"的速度成长……嗯，还发出"嘭嘭嘭"的声音！

种子学校项目组、喜阅教师项目组，两个项目组干得热火朝天。

萤火虫项目组，摩拳擦掌，成果还没体现出来呢。

种子教师项目组呢？这可是根基中的根基，在这一周有了一个突破性的进展……是什么？我不能说……现在还不能说！

3

我现在是多么老实呢？

23日，星期三，深夜，我突然想到，喜阅教师还可以做一件事啊……很好啊……

但是，马上又有无数念头奔向我：已经深夜了！我不能说了！这对别人来说是工作呀！义工也是工作！我不可以再没日没夜地跟大家说工作了！我要洗心革面做个好人！

24日早晨，我找到丹丹老师，准备说这件事。我咽了咽口水，先来了一个"起承转合"的起："亲爱的丹丹老师，感谢这些天卓有成效的工作！"

但是，又有无数个念头奔向我：每一件工作都是需要大量时间才能落实的！人家是义工！义工意味着工作时间更加有限！我不可以把工作一件又一件迅速地抛向义工小伙伴！即使是好事也会把人砸坏的！

就这样，被大家称为"童扒皮"、自封为更高等级的"喜扒皮"的我，成功地洗心革面，做了个好义工！

丹丹老师，如果你看到这里，你就知道你在不知不觉中躲过了多大的危险了吧……

其实，类似的小细节发生在每一天之中。生活写作之间，的确存在一个悖论——越是迟到的文章可能越是意味着格外精彩的生活。

4

这一周，因为我们团队一直飞速运转、时间一直往后拖延，就在我自己几乎都觉得这一次又无法行动的时候，经过长时间的联络、联络、再联络，我们的"童喜喜说写课程"百万公益巡讲终于启动了。

这一次，也是我顶着压力，坚持说："别的事情再多，也一定要做这件事。"

于是，我们一行五人，在星期五出发，奔往隆化。

温馨提示：详情请阅读我稍后推出的纪实八卦教育文学作品《隆化行：跑步奔进新教育》。

11月28日：给乡村小学的几点建议

同样的理念，根据不同学校的不同情况，需要不同的方法。

今天上午，应著名阅读推广人、原安康培新小学校长、今安康高新区新教育负责人、新教育种子学校项目资源组负责人程怀泉老师的热烈邀请，我走访了安康高新区建设小学，和王治友校长交流，到二年级教室和学生交流。交流、思考、建议的情况如下。

具体情况与难点：

一、乡村学校，生源流失到100多个学生。

二、改进决心大。9月，教育局为全校"大换血"，校长、老师共9人全部新换。

三、方向正确。校长从儿童和教师阅读、家校共育开始推动。

四、具体难点多、难度大。1. 留守儿童占80%以上，浮躁，不想学习，学习的习惯普遍不好；2. 家校共育难开展：祖辈能力难配合，父母对教育放弃甚至排斥，认为教育无用，不指望孩子读书；3. 希望推进共读，欠缺图书——教育局已购几千册，稍后会到位，发到各班；4. 开局不利，举办的活动没有得到预期效果。比如，校长倡导学生父母捐赠一本书共建图书角，一个多月后，大部分父母都不愿意捐。

我的具体建议是：对于已经处于恶性循环中的学校，要想重生，第一步是激活。生命状态决定行动。

不同的情况，应采用不同的激活方法。高新区建设小学在目前的状况之下，对教师应以减压激活为主（这批新老师是校长最得力的助手，要人性化管理），对父母应以希望激活为主（通过活动，以父母引领父母，以孩子感染父母，以行动鼓舞父母），对孩子应以空间激活为主（孩子的生命具有无限潜力，通过激发兴趣、搭建平台，让孩子最大限度地展现自己）。

具体在儿童阅读、教师成长、家校共育上的方法有：

一、学生阅读，要做共读

从教师、优秀学生大声讲故事开始，每个班只需要一本书，首先，老师大声读给班上的学生听；接下去，优秀学生来读给班上的学生听，此举为辅，以减轻教师的工作量。

目的：1. 激发学生的阅读兴趣；2. 减轻教师的工作量；3. 滋养学生的心灵（自己阅读相当于读简谱，听故事相当于听歌，在学生阅读能力偏低时，效果天壤之别）；4. 解决缺书问题（每班一本书即可）。

二、教师阅读，分头共享

先不做教师整本书共同阅读，而是做教师整本书分章节共同阅读。

目的是：1. 减轻教师阅读图书的数量；2. 淡化同事之间容易形成的竞争意识（竞争对教师形成压力，容易让强者更强、弱者渐弱）；3. 通过分享，深化教师阅读的效果（教师分章节读后共同讨论，分享自己的收获，充分挖掘每一位教师的主动思考能力）；4. 集思广益，活学活用

（教师提出书中对学校最值得推荐运用之处，改善一部分教学工作）。

三、全校家庭好书展，推进家校共育

强调展览后归还、不是捐赠，化解父母不愿交出好书的问题。活动流程如下：

（一）父母发言，人数2~3人

发言包括：为什么会买这本书？（目的：推荐好书）孩子读这本书后的改变？（目的：潜移默化地告知阅读对孩子成长的作用）自己家平时如何读书？（目的：示范家庭教育工作）

以上内容由校长或老师说，学生父母容易抵触，会以为推卸责任。由父母说，其他父母则有了最接近自身的榜样，起码不反感。注意循序渐进，分梯次潜移默化。

（二）孩子发言，人数2～4人

代表中要包括男生、女生，低年级、中高年级。

目的：孩子讲自己阅读之后的感悟，以孩子的成长打动父母心灵。

（三）教师发言，人数1人

选发言父母所在的班级教师，讲述教师已有的行动、父母的支持、接下去的计划。

目的：逐步赢得父母的信任。

（四）校长发言

校长表决心，说明学校没有放弃，一切正在重生，希望得到支持，大家共同努力。

目的：领头羊的引领。

四、以新教育晨诵提升幸福感

要点：新教育晨诵，是把美好的诗歌送给教师，再由教师带给孩子，而不是教师教孩子读一首诗。

我们赠送课件，可以轻松、快速地开展，也可以缓解好书少的问题，还可以通过晨诵"思与行"环节进行有效的积累。

教师诗意栖居，传播给学生，激活并保持师生的最佳状态。

程怀泉老师要求我和孩子一起玩耍。我只好和孩子一起站了两分钟。他又要求我给毫无阅读基础的孩子上"读写之间说为桥"的说写课，我也只好上了半节课。

我和乡村孩子跳橡皮筋，我进教室讲半节课，可能很吻合正常人类对一个儿童文学作家的期待吧⋯⋯

但是，即使跳橡皮筋跳到死，也不可能改变乡村孩子的命运。

我和我的伙伴们，却有着很多正确的方法，可以真正改变很多城乡孩子的命运。

高新区建设小学的难题，在乡村小学具有普遍性。就在这里，这群毫无基础、连"作家是什么"都不知道的乡村小学二年级孩子，在我指导说写时，现场说写100余字，潜力让人动容！

同心童心，虽有困难，也有未来！

12月5日：隆化行，跑步奔进新教育

这是补充对11月的一篇记录。

1

话说，那是2014年一个阳光明媚的春日，在北京南站附近的大马路上突然出现了20多人，他们刚跳出汽车便狂奔起来。这20多人之中有男有女，看起来一个个打扮得衣冠楚楚，不像什么为非作歹之徒。尤其是那领头的人，更是文质彬彬，一表斯文。

可是他们前无猛虎，后无追兵，却在车水马龙的北京街头撒腿狂奔，丝毫不顾路人的纷纷侧目。

跑着跑着，他们终于抵达目的地——一幢气派、现代的大型建筑门前，鱼贯而入。

在那建筑上赫然写着四个大字——北京南站。

这群人，就是隆化新教育人。

为首者是隆化教育局的业务局长汤晓晨，他率领着一行20多人的精兵强将，第一次参加新教育大会。

从隆化出发到海门，需要在北京转车，为此他们也做好了精心的准备，预留了充足的时间。可是，人算不如天算，他们算来算去还是无法预测首都贵为"首堵"的重大特色。从隆化到北京一路畅通，从进北京城到北京南站却难上加难，一分一秒地把他们留出的绰绰有余的时间消耗殆尽……

功夫不负苦心人，新教育会议等来了这群长跑明星——就在火车出发前几分钟，他们经过百米冲刺，气喘吁吁地上了车。

这辆通往新教育的高铁，果然以高铁般的速度，将隆化教育迅速带入了另一片新天地。

据汤局长说，在隆化团队第一次参加的新教育海门会议上，我就和他见过面，还在一起吃过饭。

只是，当时我处于新教育初级阶段，对一线教师之外的教育工作者都敬而远之，能不说话绝不说话，汤局长于我，只是纯粹的陌生人。

那时的我绝不会想到，我会和这位胸有丘壑、言语不多的局长再次重逢。

在2019年10月26日上午举行的"童喜喜说写课程全国百万巡讲隆化站教师专场"的开幕式上，汤局长在致辞中十分深入地解读了说写课程。最后一段，他脱稿说了一段长长的话——关于说写课程对于贫困山区的意义、对于扶贫的价值。

关于"说写课程与贫困乡村"这个话题，来自前一天我和他饭桌上的讨论。当时，我是用开玩笑的口气和他很轻松地说起的。他很迅速、很机敏地对我的说法给予了肯定，但也是用开玩笑的口气来反馈的。我们都很愉快，在饭桌上哈哈大笑。

不知从什么时候开始，我耻于向人谈及我的理想。我不愿意总是以一副多情得甚至有点儿愚蠢的面孔出现。我的身体也无法承担太大的情绪波动，一旦哭泣脑袋就起码发木半天，陷入呆滞。就像2018年夏天在北京街头，电话那头的投资人向我阐述他理解的说写课程对于乡村的意义时，我失声痛哭起来。我厌恶那样的我，越来越厌恶。

我根本没想到，汤局长会在另一个场合——在开幕式上——这样郑重地脱口而出，滔滔不绝。

那一刻，我坐在他的身边。

听他人说出自己深藏于心的话，会有些不真实的晕眩感。

那么，有句话我对您说，想来您会懂——汤晓晨老师，谢谢您。

2

我和隆化真正结缘是在《新教育晨诵》出版之后。

2016年8月，《新教育晨诵》隆重出版，不少新教育实验区非常看好这套图书，纷纷通过各种渠道向团队发来邀约，表示已采购这套图书，希望我们能够去做相关的培训。

的确，根据我们的承诺，凡是购买一定数量的《新教育晨诵》，将由出版社提供费用，赞助我们团队前往当地免费进行教学指导。

可外人只知其一，不知其二。大家看见的是一套已经出版的《新教育晨诵》，只包括幼儿园至小学六年级上册，一共7册。可是整整一套《新教育晨诵》却多达26册，从小学到高中三年级每个学期一本，另外还有一本项目指导手册也需要及时编写。

同时，我在亡友的委托之下赶鸭子上架，担任了《教育 读写生活》杂志的执行主编，每个月还有8.5万字需要我和另一位编辑共同完成。

有一点相关经验的人都知道，这样的工作强度意味着什么。更何况除此之外，我还有其他各种项目的事务……于是我派了当时团队的另外两位伙伴到达隆化。我也从此记住了这个名字——河北隆化。

真正确定前往隆化，却是因为另一件事情，准确地说是因为另一个人——董存瑞。

2019年4月，"2019新教育实验区会议"在江苏新沂召开。在全国优秀实验区代表经验交流环节，屏幕上突然响起了一阵枪炮声，在黑白影像中，出现了一位英勇的人民解放军战士，手举炸药包，高喊着："为了新中国，前进！"

——他就是董存瑞。

我们当然都知道董存瑞。

可是，此时此刻怎么会出现董存瑞？

就在所有与会代表面面相觑，都以为会务组放错了资料，出现了疏漏时，昂首阔步走上讲台的那一位长相英武、身材壮实的男士，高声向大家介绍："我来自新教育隆化实验区，也就是董存瑞的牺牲地。"

令人耳目一新的开场，只是开端。接下去，这位老师演讲的激情，就像点燃的炸药包一般，不断把会场"炸"出一片又一片笑声、欢呼声和掌声。相对来说，教育界的管理人士都比较内敛，能够有如此效果的一场发言，可想而知是怎样的精彩。

我很幸运地和这位男士前后排地坐着。等他发言完毕回到座位，我就高兴地主动添加了他的微信。他的名字里也有一个"瑞"字——隆化教师发展中心主任武瑞山。当"童喜喜说写课程全国百万巡讲"启动2019年下半年的行程时，武瑞山主任马上发出邀请，我欣然接受了这位幽默壮士的邀请，满怀好奇地想看看孕育出如此人才的是怎样一片土地。

3

人生之中有很多偶然，真是说不清道不明，只能归结为缘分。

就像这一次的隆化说写巡讲，有很多地区早在2017年就发出了邀请。就算在这一次邀请之中，隆化教育局也不是第一个发出邀请的，可联系来联系去，本学期的巡讲却是从隆化开始的。

本来隆化确定了17场讲座，可我回到北京后才发现只做了13场讲座——原来，我提供了导师名单后，负责对接的老师和隆化方面一排行程，感觉比较紧，就选择了压缩4所学校。根本没人通知我，也没有给我增加一位导师的机会……

当然，如此精挑细选，好处也很明显，更让我感觉不虚此行：在我们走进的12所隆化学校中，从外在的新教育特色布置，到内在的校长、老师、学生、父母的精气神儿，都堪称全国一流。尤其是所有的校长都体现出一种积极主动、乐于学习、勤于进取的风貌，这的确让我们所有团队成员都没有想到。唯一一位情绪有些低落的校长，他担忧的问题是：不久学校就要举行新教育开放周，学校条件不好，可能就只能在操场上迎接各位来宾了。第一天讲座完成回到宾馆，晚上我请导师伙伴一起交流时，导师们几乎都是赞不绝口，让我感觉有些意外。

任何意外的背后都有深层原因。隆化实验区在推进新教育工作的时候有一个秘诀：他们每年都挑选几所学校举办新教育开放周，请全区的其他学校到这几所学校去观摩学习。

有了这样的活动，无论学校之前做不做新教育，为了举办新教育开放周，也必须真抓实干地做一点儿。因为来的都是本区域内的兄弟单位，大家都是同行。外行看热闹，内行看门道，是不是真正做了一些工作，谁也瞒不过谁。所以这些隆化学校，就一所又一所，一批又一批，在这一类活动之中逐渐成为新教育的骨干力量。

这不由得让我想起朱永新老师的点评："隆化非常棒。教育局局长很努力。"的确，教育局局长是领头羊。表面上看起来最简单的方法，要真正落实，却需要一个团队的努力。隆化新教育的成功，源于局长充分的信任与授权，教育一线出身的业务局长汤晓晨，熟知问题后的改进方案；武瑞山主任激情洋溢、全力以赴；张鸿雁主任等一批中坚力量全力推进。新教育行政推动模式，很容易做得浮夸，容易做成一张皮。在隆化，正是领头羊率领大家共同努力，才把新教育的点点滴滴从细节上变成真正的扎根大地。

4

说到真正扎根大地，当然还是学校，还是教室。

到达隆化之前，我也没有意识到，在隆化还有一所新教育种子学校。

从2010年开始，我启动了"新教育种子计划公益项目"。到了2015年8月，我迫于无奈接手新教育网师的管理工作，将种子计划和网师合并。2018年7月底，我辞去新教育网师（一说是执行院长，一说是常务副院长）的所谓职务之后，新教育种子计划再一次重生。

到了2019年8月，历时10年，我终于从种子教师走到了种子学校，尝试以学校的整体方式来推动新教育的深耕，用官方、民间联合的方式来协助一线教师尽快成长为新教育榜样教师。

在报名的近500所学校中，隆化十八里汰小学通过审批，成为第一届全国新教育种子学校中的一所。在全国新教育种子学校的巡回指导工作中，我们走进的第一所学校——隆化十八里汰小学。

看过隆化十八里汰小学之后，我心中暗暗地、长长地舒了一口气——很可能是老天爷见我可怜，派隆化十八里汰小学来安慰我的。如果全国的种子学校都能像这样一所山区小学一样，那我真是死也瞑目了。

隆化十八里汰小学是隆化全县最大的一所寄宿制小学，1000多名学生以校为家，可以说教学工作是格外艰辛的。

但是，走进这所学校，内行人一看就知道，这是一所让人放心的学校。

尽管一间间教室因为学生人数众多而挤得满满当当，但我走进的两间教室不是没有情感的冰冷布置、不是让人厌倦的僵硬口号，而是精心绘制的鲜活的图画。教室里摆放着和绝大多数城市学校相比数量可能少一些、品质却毫不逊色的优质童书，后黑板上还有一个又一个可爱的小园地的名称。无论是吴冬梅老师的"梅花园"，还是另一位老师的"花蕾苑"，每一间教室都有自己的特点，都能够从中看出来师生在把自己的情感倾注其中。

这一幕发生的地点就在山区。从教室的窗户中，能够看见窗外就是绵延的大山。

这正是我所期待的中国农村的模样。

这正是"新孩子乡村阅读公益行"让我五年以来都耿耿于怀的心结。

这正是我想要在100所乡村学校里推行却没能完全实现的目标。

隆化十八里汰小学的校长卜云和有一个特别的网名——红杉树。

看到他的网名时，我又一次感到缘分似乎在冥冥之中千丝万缕地缠绕。因为在2015年，我曾经应《教师博览》之邀写过一篇卷首语，标题就叫作《寻找生命的红杉林》，讲的正是对于教师该如何成长的思考。

成长受制于环境，成年人的成长也会甚至更加会受制于环境，这是不争的事实。但是，有一种植物却似乎与众不同。北美红杉是浅根型植物，按照常理来说无法长高，因为树越高，需要根扎得越深。可北美红杉成群结队地并肩生长，一棵又一棵红杉树在地下以树根彼此牵挂，携手连接为一张巨大而牢固的根网，再猛烈的风雨，也无法掀动红杉。就这样，根很浅的红杉却能够成长为世界上最高大的树种，成年时高度能够达到60~100米，令人赞叹！

一花独放不是春。同样地，在"红杉树"卜云和校长的引领下，隆化十八里汰小学的确有着一批不一样的老师。

白兰是我在此之前早就见过的老师。我对她印象深刻，因为第一次见面的当晚，她就给我写下了近7000字的长信倾诉心声。这一次，她正式担任新教育萤火虫隆化分站站长，接下去，会有更多孩子因她的绽放而收获阅读的芬芳。

在隆化十八里汰小学，我还听说了其他老师的故事。吴冬梅老师年届半百，我走进的"梅花园"就是她的教室。据说，她这一次为该校的说写巡讲导师康在美做主持的时候，进行了一番富有诗意的阐释，让年轻的康在美老师大为惊喜。

我还记得有两位老师喜洋洋地主动上前和我交流、合影——没有足够经历的人，不会意识到这意味着什么。我走过太多学校，尤其是贫困乡村学校。我非常清楚，一所学校的老师们在心灵处于困顿之中时，对外界访客是根本没有兴趣的。任凭你讲得再天花乱坠，他们也只会面无表情地远远躲在一边。因为他们认为自己的人生篇章早已写就，再多光芒也和自己毫无关系。

在隆化十八里汰小学，这一幕又一幕，这一人又一人，虽然只是短短的交往，可是凭着我的敏锐，凭着我的挑剔，我不由得再一次感叹：老天注定的缘分，自然有它妙不可言之处。

隆化十八里汰小学，就像老天爷为我打上的一剂强心针。

5

在茫茫人海之中，在时光的长河之中，我们能够与多少人相见？我们又能够留下多少记忆呢？

因为时间关系，我只走访了两所学校。在隆化县满族小学，我所看见的状况和隆化十八里汰小学差不多。

隆化行让我记住了张鸿雁老师，记住了她的认真严谨，记住了她对丈夫的柔情细致。

隆化县第一小学的于似芳老师，估计假以时日又是一位标杆级的榜样教师。我们此前曾在诸城种子计划培训中相遇过，这一次见面似乎多了几份老熟人的情谊。

满族小学的体育老师温建华，是体育学院毕业的"90后"，也在默默思考乡村孩子的体育课程。

最有趣的是参加了"喜阅教师公益行动"的喜阅教师岳桂婵老师。我也不知道她是什么时候、怎样加入喜阅教师的。在我去隆化之前，她突然冒出来。在我到隆化之后，因为汤局长和武主任的安排，我们有缘相见，原来她是从天津到隆化支教的老师。她不仅说话风趣幽默，而且几句话一说，我就知道她平时没少思考。她带着一套10册的《童喜喜说写手账》来开会。她说，支教是她多年以来的梦想，所以孩子进入大学之后，她就立刻来实现这个梦想。还有两个月，她就在隆化支教满一年了，就会回到天津。我们于是相约：北京与天津距离短，回头再见。

6

隆化之行在10月27日中午匆匆结束。

告别隆化的时候，也是我们说写导师的伙伴们分别的时候。

这一次，是河北南和、陕西西安、山东滨城、山东莒县的四位老师和我一起完成了隆化巡讲。

来自天南海北的我们，平时只能在网络上交流。每一次组织活动的时候，也是我们相聚的时刻。这些年我为什么觉得累？其实精神上的确异常丰富充实、过于丰富充实，肉体上的确越来越承受不住，就是因为每一次的相见就像一次燃烧。

此行中唯一的男士宋磊，是我们这一次齐心协力欺负的对象。尽管他是"中国好教师"奖得主，可我们都笑他老了，激情不像之前那样高涨，不再是"飞翔的小猪"，眼看是"过年的小猪"了。"小猪"就乐哈哈地回答："只要跟大家见面，我就飞翔起来了。"

聚是一团火，散是满天星。

心为火种，我们不断地在振翅之中发出光芒。

下一站是哪里呢？

哪怕生与死，都只是一段又一段的旅程吧。

下一站是哪里都不重要。重要的是，今天我们在行动。

我们走向天南地北，我们走进无数个像隆化这样的地方。或许以前从未听说过它的名字，可走进之后，我们将收获明亮的眼睛、智慧的谈吐、友善的笑容。

不断行动。和这样的人在一起，一程又一程。

聚散就是人生，行动就是意义。

河北隆化教师培训专场

12月12日：生命是蛋糕，奖赏是蛋糕上的樱桃

今天的"喜阅火种周记"中有一个特别的好消息：今天下午，"中国好教育"年度颁奖典礼在北京钓鱼台国宾馆隆重举行。

全国评选6个中国好教育公益项目，我带领团队申报的"新教育晨诵"公益项目获奖。

全国评选中小学各10位校长、教师，全国新教育实验区校的四川宜宾牟正香、甘肃兰州七里河王俊莉、江苏姜堰秦咏中、江苏新沂叶书权、内蒙古临河杨百凌5位校长荣获"中国好校长奖"。

山东诸城姜蕾、广州越秀陈丽莉、内蒙古临河丁秀华、江苏姜堰李如芳、甘肃兰州韩小梅、甘肃兰州马小花、甘肃兰州田海龙、洛阳伊川安爱君、江苏新沂王问谦9位新教育中小学教师荣获"中国好教师奖"。

全国的4位现场叙事嘉宾中，来自新教育实验区的兰州七里河王俊莉校长、新沂乡村教师王问谦进行了叙事。

衷心祝贺！这一届和前几届的获奖名单中都有我们种子计划公益项目学校的校长。获奖只是额外的奖赏，幸福、完整是智慧行动的收获！特别祝福所有校长、老师们！特别祝福所有奋斗着，也痛并快乐着的教育人！

12月19日：让所有孩子都爱上

昨天晚上10：13，洛阳市汝阳县三屯镇启智幼儿园的史玲杰老师在群里说："喜喜老师，书已收到。今天晚上孩子一口气读了五页，说这书太有意思了，她今年六岁，平时不爱读书，今天晚上读《新孩子》时，不认识的字是看着拼音自主阅读的。"

我很欣慰。

欣慰，就是意料之中的高兴喽。

我说："很好。这正是十年来我的自我挑战——我要让普通孩子也能通过自主阅读我的书，达成自主学习、自我教育。谢谢您的转告。"

今天晚上7：37，我突然收到语音留言和文字留言："喜喜老师晚上好！昨天晚上拿到书，孩子就迫不及待地拆开读了起来，昨天晚上借着拼音一口气读了五页，说书特别有意思，而且惊喜自己竟然可以自主阅读了，真是信心倍增。今天在幼儿园和同学们分享阅读了这本书，没有带回来，一路上她一直唠叨，说晚上看什么书睡觉。我听了这话特别意外，就借机告诉她说，喜喜老师昨天听说你一口气读了五页书，特意给妈妈发信息夸奖了你。说你喜欢读就是她最开心的事儿，你要继续加油。她听完以后，非要发信息谢谢您！"

我的书不仅写得好，而且可以吸引不爱读书的孩子、受不喜欢读书的孩子的欢迎，这早就不是什么新闻了。

十多年前，就有孩子在网上发帖子说，TA从小到大唯一读完的一本书是《嘟嘟嘟》，所以TA给自己取了网名叫"童喜喜"，希望作者童喜喜不要介意。

这十年，我深入教育领域，遇到的好多事，对我而言，才叫新闻呢。

所以，我希望，所有的孩子都这样尽情欢笑。

因为这个世界，只可能因为孩子的笑而变得美好。

《新孩子》是以教育部《中国学生发展核心素养》为体系、以新教育实验的真实经典案例为故事原型的童书，是中国首部非虚构儿童教育文学。这套书荣获过《中国教育报》"教师喜爱的100本书""全民阅读年会50种重点推荐图书"的推荐。

每个人做自己最擅长的事，才是最轻松愉快的。回到写作，我回到了我的星空。

12月26日：不负相遇，你我彼此鼓舞

感谢网络，让人与人之间多了互相鼓舞的机会。

爱的鼓舞是虚无的解药。

我希望我们，彼此鼓舞，日日夜夜，朝朝暮暮。

有一首歌《你鼓舞了我》是这样唱的：

当我失落的时候，噢，我的灵魂，感到多么地疲倦；

当有困难时，我的心背负着重担，

然后，我会在寂静中等待，

直到你的到来，并与我小坐片刻。

你鼓舞了我，所以我能站在群山顶端；

你鼓舞了我，让我能走过狂风暴雨的海；

当我靠在你的肩上时，我是坚强的；

你鼓舞了我，让我能超越自己。

在过去的一周，定南县第三小学的林晓春老师加了我的微信："我是群聊'喜阅教师公益行动'编号XY191568号林晓春，童老师，您好，我想跟着您一起走。"接下去，她开始断断续续地给我留言。

她说到2019年11月23日是一个特别的日子，那一天的故事我还没有来得及记录，2019年就马上要过去了。

因为这样的鼓舞，我们走过了2019年。

我们因此将会拥有更加美好的2020年——爱您，爱您。

下面是林晓春老师发给我的消息：

童老师，您好！自从11月23日听了您的课，我就在班上实施说写课，仅仅一个月时间，班上孩子已爱上了说写。加您，一是为了感谢您！二是为了更好地向您学习！三是想跟着您做这项工作。

谢谢您接受我。

以前我带过很多实验班，不是"流产"了就是"夭折"了，当我听了您一天的讲座和15节火种课后，我毅然决然地加入您的喜阅公益行动！谢谢您让我重新喜欢上教育！

现在，班上成立了萤火虫项目家长义工活动、班刊学生编委、家长编委，一切都井然有序，真好！我们打算寒假作业就读您的《童喜喜说写手账》。

我买了五套《童喜喜说写手账》送人，昨天又买了两套您的《新孩子》。

怎么办？爱您没商量，我已经爱上您了。我从没追过星，也体会不到追星族的滋味，今天我体会到了，我追您哈！

我的现状跟飓风老师当年一模一样，正临退休之际。

有一次，我一边听火种课程的第15节，一边炒菜，我老公说："你是不是疯了？"我现在每天都看您的书，就像您读给我听一样，您的声音已经植入我的大脑。

1月2日：因为理解他们，所以更加热爱我们

亲爱的伙伴们，有好多值得分享的信息。

12月28日，新教育种子学校工作会议在北京举行。在上午的会议中举行了北京远流经典文化传播有限公司（蒲公英童书馆）童书捐赠仪式。董事长颜小鹂向新教育种子学校捐赠10431册优质图画书。特别感谢！特别感动！

更多故事，当然在幕后。

比如，会议的提议、组织、操办，都由新教育种子学校项目组负责人、河南修武县二中薛志芳校长负责。薛志芳校长操办到什么程度呢？举例来说，会场上每个人的名牌、参会人员拿的资料，都是他打印好，从河南带到北京会场来的。

他提议在北京开工作会时，我问："需要请朱永新老师参会吗？"这三年来，我才明白新教育发起人朱永新老师对于某些新教育人意味着什么。那和我想象中的太不一样了，以至于我的人生观、价值观、世界观一度因此混乱，从此学会了要问这个问题。薛志芳校长的回答是："和我们的其他活动一样，朱永新老师能来，我们当然欢迎；不能来，也完全不影响我们讨论工作。"

28日，朱永新老师抽出时间参会。我们都没想到，他不是简单地露露面、鼓鼓劲，而是做了重要发言。朱永新老师于7:30—9:20发言，之后匆匆离去。我们的正式会议则是从8:06开到19:15。其中，12:23—13:50是步行至附近吃午餐的时间；午餐后迎来了咖啡，没有午休；19:15会议结束，我们才去吃晚餐；会议中没有任何人离席。当天凌晨我近1点才休息，6点刚过醒来。白天的正式会议结束后，我又和其中几位在晚餐后分头交流，再次回到床上已是第二天的0:40。我的感言是："和一群真正想做事的人一起共事，是很开心的。"

新教育实验是一个大的共同体，在同一种教育理念的指引下，人们松散地汇聚在一起。就我所听说的，朱永新老师也参加了另一个新教育会议。在那个会议上，朱永新老师离席后，连会议议程中规定的内容都没有完成，人们就立即散去。以前，我对这些散去的人们是完全不理解的。那时的我，在主办种子教师培训时会在会场上转悠，把打瞌睡的老师们一个个拍照。如今，我完全理解这些急于散去的人们，既理解这些人心灵中对亲近光明温暖的渴望，也理解这些人的疲惫焦灼。

正因如此，我更为与我一起开会的这群伙伴自豪，在这样一个喧嚣的时代，能与大家同行，深感荣幸。谢谢你们。也特别感谢为"新教育种子学校2020工作研讨会"现场留下照片的摄影师刘庆根，其实他是中国教育电视台的记者，一直关注着我们的行动。

正是一个又一个的你们，在2019年鼓舞了我。

1月16日：每个生命，都是奇迹！
定南中学高三（4）班，说写不足40天，全年级第1名

亲爱的伙伴们，有好多值得分享的信息。

但是，有更多需要推进的行动。

所以最近的分享只能简单说一下。

感谢"喜阅教师公益行动"项目组的伙伴们今天组织的喜阅教师年度颁奖。

大家真的很棒！爱你们！新的一年，我们会更棒！

感谢种子学校项目组的伙伴们，你们真的没有愧对"心为火种，生生不息"这8个字！

今天令我最开心的一个消息是：高三说写，首战告捷。

定南中学高三（4）班开展说写课程52天，作文成绩取得全年级第1名的好成绩。

叶娇美老师说此前从没拿过第1名。

其实，真正开展的时间算起来不到52天，最多只有40天。2019年11月24日下午，我在定南的讲座结束后，在微信朋友圈里公开发布了一条题为"定南约定"的消息：

定南中学高三叶娇美老师昨天听完讲座，主动请缨，准备开展说写课程备战190多天后的高考。我一直坚信，说写是高三突围的利器。我俩约定：我为她的高三班级单独开"处方"，她负责实施并记录过程。立此存照。

在这条消息下，配的是李乐明局长、我、叶娇美老师三人的合影。其中，我还戴着一顶滑稽的绒线帽，遮挡着我在几天前刚刚因车祸被撞破的脑袋。

我和叶娇美老师定下约定，是在11月24日；完成前期准备，在教室里开展，是在12月5日；期末考试，是前两天。

"第1"并非我们的目标，我们要的是：每个生命，都是奇迹！

后记　梦想是心灵的春天

我见到的第一个"放牛班"，在2004年。那一年，我用刚出版的《嘭嘭嘭》首印稿费成功资助了30名失学女童，希望走进真正的山区看一看，到湖北神农架支脉的一所山区小学支教。说是小学，其实全校总共16名学生，还不如一个班的学生多。

　　在这里，我和同行支教的李西西以山区孩子的童真、神农架的神秘为背景，共同创作了《百变王卡卡》系列童书。多年后，很多人知道《百变王卡卡》系列荣获《中国教育报》"致敬童书20强"、入选教育部《2019年全国中小学图书馆（室）推荐书目》，却很少有人知道主人公王卡卡的名字，来自这所其实是"放牛班"的小学——卡子小学。

　　从第一个"放牛班"开始，因缘际会，我走进了更多"放牛班"。尤其从2009年7月走进新教育实验以来，我的每一天，都会和最少一位一线老师以不同方式交流，任何节假日都不例外。

　　对我而言，这不是工作，这纯粹是和朋友聊天。但是，也正是这样的交流，让我日复一日走进乡村或城市、年轻或年长等不同老师的内心世界。

这本书里，记录的正是我这些年和一线老师的一小部分交流。

梦想是心灵的春天，行动是智慧的源泉。希望这本书里的真实故事与实战技巧，能够协助更多老师发现自己的梦想，拥抱自己的春天，开始自己的行动，激发自己的智慧。这样一来，所有的"放牛班"都将迎来自己的春天。

感谢策划人潘炜博士、责任编辑李楚妍、特邀编辑伙伴谌银。因为大家的帮助，呈现出了中国教育春天中的这片小小原野，我们也正在和更多一线老师一起创造春天。

2022 年 12 月 5 日凌晨

附录 童喜喜主要创作年表

2003年5月

完成长篇小说《爱乱了》，由中国电影出版社出版。

著名评论家、武汉大学博士生导师樊星评论：如何写出压力下的坚守，迷惘中的坚韧，也许是'新生代'文学的新突破口所在。《爱乱了》在这方面做出了积极的尝试，其意义不可低估。"

2003年7月至2013年12月

完成"嘭嘭嘭"新幻想系列，由春风文艺出版社、中国少年儿童出版社、北京联合出版有限出版社（新经典文化股份有限公司）先后出版。该系列目前已出版《嘭嘭嘭》《再见零》《玻璃间》《小小它》《影之翼》《织梦人》《我找我》7册。

该系列为童喜喜的童书代表作，适合小学中年级至初中的学生阅读，曾获冰心文学奖、国家新闻出版广电总局向全国青少年推荐百种优秀图书、全国优秀畅销书奖、团中央"五个一"工程奖、国家"三个一百"原创优秀作品奖等奖项，先后入选2004年"亲近母语读写大赛"必读书目，第五届沪、港、澳与新加坡四地中学生读书征文活动必须参考书目等多种读书大赛必读书目。

2004年4月至2009年7月

完成"魔宙"系列图书，由古吴轩出版社、中国少年儿童出版社先后出版，已出版《因为有你》《彼岸初现》《流年行歌》3册。

该系列为全景创世纪式奇幻小说，曾获全国优秀畅销书奖、思考乐最佳幻想奖。

2006年6月至2012年4月

完成"百变王卡卡"系列，与李西西合著，由接力出版社、江苏少儿出版社先后出版，已出版《一朵花的森林》《甜甜的淘气老师》《吃掉铅笔来跳舞》《蒲公英飞过城市》《你找不到我》《幸福的秘密》《好听话大合唱》《雨天其实也

有阳光》8册。

荣获《中国教育报》"2018年度致敬童书20强"称号，入选教育部《2019年全国中小学图书馆（室）推荐书目》。

2008年9月至2017年3月

完成"网侠龙天天"系列，由中国少年儿童出版社、二十一世纪出版社先后出版，已出版《给老师当老师》《班长打擂台》《王牌对手》《神秘的幸福基地》《天使在人间》《亲亲一家人》《小侠在行动》《明星奇遇记》8册。

该系列为网络题材的校园小说。书中首度提出"网商"概念（网络智商＋网络情商），由"IAP中小学生综合素质能力竞赛""百度宝宝知道"及诸多教育家、阅读推广人权威推荐，获《中国少年报》选拔试读会小读者票选第一名、入选北京阅读季"最受青少年喜爱图书100种"、2017年度中国童书榜"父母特别推荐奖"。

2010年9月

完成《我们的一年级》，由中国少年儿童出版社、北京联合出版有限公司（飓风社）先后出版。

入选著名特级教师张祖庆寒假推荐书单。

2011年5月

完成《那些新教育的花儿》，由福建教育出版社出版。

该书为报告文学，记录了参加新教育实验的人们的诸多探索，从一个个具体人物的喜怒哀乐中，折射出中国教育的现状与思考。

2016年8月至2019年1月

主编《新教育晨诵》（全套26册）、《让生命放声歌唱——新教育实验晨诵项目用书》，由安徽少年儿童出版社出版。

《新教育晨诵》系列从幼儿园至高中，每学期一册，为新教育实验的晨诵课程学生读本。童喜喜将稿费100%捐赠给了新教育实验公益项目。

荣获《中国教育报》2016年度"教师喜爱的100本书"。

2019年5月

完成《萤火虫的故事》，由重庆出版社出版。

该书为童喜喜第一部童诗集。为中国知名童诗品牌图书"中国最美童诗"系列丛书之一。

2014年6月至2020年6月

完成"新孩子"系列童书，由二十一世纪出版社、安徽少年儿童出版社先后出版。

全套共24册。

"新孩子"系列童书开启了儿童教育文学先河，首创以文学提升核心素养的童书体系，结合耶鲁大学耗时40年的儿童心理研究成果，以中国新教育实验的真实优秀教育案例为原型，根据教育部推出的《中国学生发展核心素养》要求提炼出24大主题。每一本书侧重一个主题，以螺旋上升的方式对核心素养持续细化、深化、内化、强化，并以世界独创的说写课程搭建阅读到写作的桥梁，帮助孩子提升核心素养，养成说写习惯，汲取精神力量。

"新孩子"系列童书得到国际IBBY-iRead爱阅人物奖得主、国家全民阅读形象代言人朱永新，国际少年儿童读物联盟（IBBY）主席张明舟，国家图书馆少儿馆馆长王志庚，清华大学附属小学校长、全国著名语文特级教师窦桂梅，美国麻州大学教育领导学系主任、中国教育三十人论坛成员严文蕃教授，第一位美国高等学府教育学院华人院长、美国纽约曼哈顿维尔学院终身教授万毅平等诸多名家联袂推荐。

该系列荣获《中国教育报》2014年度"教师喜爱的100本书"之年度9部"儿童文学"作品之一、全民阅读年会50种重点推荐图书、"中

国童书榜"2020年度最佳童书奖等。

2014年6月至2021年4月

完成《喜阅读出好孩子》，由湖北教育出版社、电子工业出版社先后出版。

教育类畅销书，系童喜喜自2010年开始历时5年阅读研究的心得，适合父母、教师阅读。先后入选《中国教育报》"教师喜爱的100种图书"、新东方家庭教育中心《父母阅读推荐书目100本》，获深圳图书馆年度读者借阅率最高总榜第9名、湘鄂赣专家联合推荐30种优秀图书、首届湖北网络读者"我最喜爱的10种图书"、《中国出版传媒商报》"家庭教育影响力图书"等荣誉。

2017年9月至2021年5月

完成《十八年新生》，由湖北教育出版社、电子工业出版社先后出版。

该书为教育散文，记录了童喜喜从一位写作者到一位教育公益人，从一位专职儿童文学作家到一位资深教育研究推广者，从1999年资助失学女童开始17年中的教育心路历程和探索行动。

荣获《中国教育报》2017年度"教师喜爱的100本书"。

2021年7月

完成《大语文日课——童喜喜说写365》，由电子工业出版社出版。

2021年9月

完成《在没有路标的大地上》，由电子工业出版社出版。

该书通过"故人不远""北川三忆""教育永新""雕塑自我"四部分，由远及近、由外及内，徐徐展开一位作家的教育人生画卷。作家以人生经历为纸，以仁爱之心为墨，以深刻反思为笔，探讨教育的本质问题：一个人如何在自我挑战中自我教育？

荣获《中国教育报》2021年度"教师喜爱的100本书"。

2022年3月

完成《校长的超越》，由电子工业出版社出版。

该书分为"心为火种""领读者""让生命歌唱"三大板块，从关照校长内心出发，以阅读为抓手，引领全校师生以教育奏响生命之歌。

2018年8月至2022年8月

完成《智慧行动创造教育幸福：新教育实验十大行动理论与技巧》，由山西教育出版社、电子工业出版社先后出版。

作者立足于十余年的一线田野研究，从营造书香校园、构筑理想课堂、研发卓越课程、家校合作共育等十个方面，进行了深入浅出的理论解析，分别从地区、学校、教室三个维度推荐了一百多种操作策略。即为一线工作提供了高效的方法技巧，也对相关教育政策制定具有借鉴作用，是一部教育工作者的案头书，值得细读与践行。

2022年4月

《给新孩子的中华优秀传统故事》（全18册）丛书，童喜喜策划、统筹。同时担任"社会责任卷"分册主编。由安徽少年儿童出版社出版。

该书延续《新孩子》系列童书创作的主线，继续以教育部颁布的《中国学生发展核心素养》为体系架构，成为第一套核心素养为选编体系的中华优秀传统文化教育丛书。

该书邀请19位著名专家学者担任主编、数十位知名儿童文学作家撰写，全书包含288位趣味盎然的古代名人素养故事，融入288幅古画赏析的美育课程，研发288篇深化阅读、反思实践的"说写"课程，备受社会各界好评。

2022年7月

《少年元宇宙》（第一季）共3册，由电子工业出版社出版。

该系列童书融入作者童喜喜的多年研究成果"信商"——网络德商、网络美商、网络智商、网络情商、网络逆商、网络财商，以儿童喜爱的故事，润物无声的培育一个人在信息时代的生活与成长中应该具备的网络核心素养，即适应和开创元宇宙时代所需要的关键技能和必备品格。

《少年元宇宙》得到全球教育最大奖项"一丹教育发展奖"得主朱永新教授、国际少年儿童读物联盟张明舟主席的力荐。

2022年9月

《家庭教育》（小学段）共12册，童喜喜与南宁师范大学教育学院李福灼院长共同主编，由漓江出版社出版。

该书针对小学父母面临的诸多问题，提供了科学、全面的解决方法，倡导亲子共同成长，让家庭更加幸福。

《家庭教育》丛书全套共32册，推动0~18岁信息时代背景下的家庭教育，童喜喜兼任全书统筹，参与各学段审读。

2022年11月

完成《家教演讲录》，由电子工业出版社出版。